Mesterek Módszere
Sous-Vide Konyha Kalandok

Gabriella Mészáros

Tartalomjegyzék

Isteni fokhagymás-citromos rákos tekercs

Előkészítés + főzési idő: 60 perc | Adagok: 4

Hozzávalók

4 evőkanál vaj

1 font főtt rákhús

2 gerezd fokhagyma, darálva

½ citrom héja és leve

½ csésze majonéz

1 édesköményhagyma, apróra vágva

Só és fekete bors ízlés szerint

4 tekercs, felosztva, olajozva és pirítva

Útvonalak

Készítsen vízfürdőt, és helyezze bele a Sous Vide-t. Állítsa 137 F-ra. Keverje össze a fokhagymát, a citromhéjat és 1/4 csésze citromlevet. A rákhúst vákuummal zárható zacskóba helyezzük vaj és citrom keverékével. Engedje ki a levegőt vízkiszorításos módszerrel, zárja le és merítse a zsákot a vízfürdőbe. 50 percig főzzük.

Ha az időzítő leállt, vegye ki a zacskót, és tegye át egy tálba. Öntse ki a főzőlevet. Keverjük össze a rákhúst a maradék citromlével, majonézzel, édesköménnyel, kaporral, sóval és borssal. Tálalás előtt töltse meg a zsemlét a rákhús keverékkel.

Fűszerezett, elszenesedett polip citromszósszal

Előkészítés + főzési idő: 4 óra 15 perc | Adagok: 4

Hozzávalók

5 evőkanál olívaolaj

1 kilós polip csápok

Só és fekete bors ízlés szerint

2 evőkanál citromlé

1 evőkanál citromhéj

1 evőkanál darált friss petrezselyem

1 teáskanál kakukkfű

1 evőkanál paprika

Útvonalak

Készítsen vízfürdőt, és helyezze bele a Sous Vide-t. Állítsa 179 F-ra. Vágja a csápokat közepes méretűre. Sózzuk, borsozzuk. Helyezze a hosszúságokat olívaolajjal egy vákuummal zárható zacskóba. Engedje ki a levegőt vízkiszorításos módszerrel, zárja le és merítse a zsákot a vízfürdőbe. 4 órán át főzzük.

Ha az időzítő leállt, távolítsa el a polipot, és törölje szárazra konyharuhával. Öntse ki a főzőlevet. Meglocsoljuk olívaolajjal.

Melegíts fel egy grillt közepes lángon, és pirítsd meg a csápokat oldalanként 10-15 másodpercig. Félretesz, mellőz. A citromlevet, a citromhéjat, a paprikát, a kakukkfüvet és a petrezselymet jól összedolgozzuk. A polipot citromos öntettel megkenjük.

Kreol garnélarák

Előkészítés + főzési idő: 50 perc | Adagok: 4

Hozzávalók

1 citrom héja és leve

6 evőkanál vaj

2 gerezd fokhagyma, darálva

Só és fehér bors ízlés szerint

1 evőkanál kreol fűszerezés

1½ kiló garnélarák, deveined

1 ek darált friss kapor + díszítéshez

Citromszeletek

Útvonalak

Készítsen vízfürdőt, és helyezze bele a Sous Vide-t. 137 F-ra állítva.

Olvasszuk fel a vajat egy serpenyőben közepes lángon, és adjuk hozzá a fokhagymát, a kreol fűszereket, a citrom héját és levét, sózzuk és borsozzuk. 5 percig főzzük, amíg a vaj elolvad. Tegyük félre, és hagyjuk kihűlni.

Tegye a garnélarákokat egy vákuumzárható zacskóba a vajkeverékkel. Engedje ki a levegőt vízkiszorításos módszerrel, zárja le és merítse a zsákot a vízfürdőbe. 30 percig főzzük.

Ha az időzítő leállt, távolítsa el a garnélarákot, és törölje szárazra konyharuhával. Öntse ki a főzőlevet. Tűzd rá a garnélarákokat a kabobokra, és díszítsd kaporral és facsard ki a citromot a tálaláshoz.

Garnélarák fűszeres szósszal

Előkészítés + főzési idő: 40 perc + hűtési idő | Adagok: 5

Hozzávalók

2 kiló garnélarák, meghámozva és meghámozva

1 csésze paradicsompüré

2 evőkanál tormaszósz

1 tk citromlé

1 tk Tabasco szósz

Só és fekete bors ízlés szerint

Útvonalak

Készítsen vízfürdőt, és helyezze bele a Sous Vide-t. Állítsa 137 F-ra. Helyezze a garnélarákot egy vákuummal lezárható zacskóba. Engedje ki a levegőt vízkiszorításos módszerrel, zárja le és merítse a zsákot a fürdőbe. 30 percig főzzük.

Miután az időzítő leállt, vegye ki a zacskót, és helyezze át jeges vízfürdőbe 10 percre. Hűtőben hagyjuk dermedni 1-6 órát. Jól keverje össze a paradicsompürét, a tormaszószt, a szójaszószt, a citromlevet, a Tabasco szószt, a sót és a borsot. Tálaljuk a garnélarákot a szósszal.

Laposhal mogyoróhagymával és tárkonnyal

Előkészítés + főzési idő: 50 perc | Adagok: 2

Hozzávalók:

2 lb laposhal filé

3 szál tárkonylevél

1 tk fokhagyma por

1 tk hagymapor

Só és fehér bors ízlés szerint

2 ½ tk + 2 tk vaj

2 medvehagyma meghámozva és félbevágva

2 szál kakukkfű

Citromszeletek a díszítéshez

Útvonal:

Készítsen vízfürdőt, helyezze bele a Sous Vide-t, és állítsa 124 F-ra. A laposhal filét vágja 3 darabra, és dörzsölje be sóval, fokhagymaporral, hagymaporral és borssal. Helyezze a filéket, a tárkonyt és a 2 ½ teáskanál vajat 3 különböző, vákuummal zárható zacskóba. Engedje ki a levegőt vízkiszorításos módszerrel, és zárja le a zsákokat. Tedd őket vízfürdőbe, és főzd 40 percig.

Ha az időzítő leállt, távolítsa el és zárja ki a zacskókat. Tegyünk egy serpenyőt lassú tűzre, és adjuk hozzá a maradék vajat. Ha felforrósodott, távolítsa el a laposhal bőrét, és törölje szárazra. Hozzáadjuk a laposhalat medvehagymával és kakukkfűvel, és az alját és a tetejét ropogósra pirítjuk. Díszítsük citromkarikákkal. Párolt zöldség oldalával tálaljuk.

Herb Butter Lemon Cod

Előkészítés + főzési idő: 37 perc | Adagok: 6

Hozzávalók

8 evőkanál vaj

6 tőkehal filé

Só és fekete bors ízlés szerint

½ citrom héja

1 evőkanál darált friss kapor

½ evőkanál darált friss metélőhagyma

½ evőkanál darált friss bazsalikom

½ evőkanál darált friss zsálya

Útvonalak

Készítsen vízfürdőt, és helyezze bele a Sous Vide-t. Állítsa 134 F-ra. Ízesítse a tőkehalat sóval és borssal. Helyezze a tőkehalat és a citromhéjat egy vákuummal zárható zacskóba.

Egy külön vákuummal zárható zacskóba helyezzük a vajat, a kapor felét, a metélőhagymát, a bazsalikomot és a zsályát. Engedje ki a levegőt vízkiszorításos módszerrel, zárja le és merítse mindkét zsákot a vízfürdőbe. 30 percig főzzük.

Ha az időzítő leállt, távolítsa el a tőkehalat, és törölje szárazra konyharuhával. Öntse ki a főzőlevet. Vegye ki a vajat a másik zacskóból, és öntse rá a tőkehalra. Díszítsük a maradék kaporral.

Csoportosító Beurre Nantais-szal

Előkészítés + főzési idő: 45 perc | Adagok: 6

Hozzávalók:

<u>Fűrészes sügér:</u>

2 lb söröző, egyenként 3 darabra vágva

1 tk köménypor

½ teáskanál fokhagyma por

½ teáskanál hagymapor

½ teáskanál koriander por

¼ csésze halfűszer

¼ csésze pekándió olaj

Só és fehér bors ízlés szerint

<u>Beurre Blanc:</u>

1 font vaj

2 evőkanál almaecet

2 medvehagyma, darálva

1 tk szemes bors, törve

5 oz nehéz tejszín,

Só ízlés szerint

2 szál kapor

1 evőkanál citromlé

1 evőkanál sáfránypor

Útvonal:

Készítsünk vízfürdőt, tegyük bele a Sous Vide-t, és állítsuk 132 F-ra. Fűszerezzük sóval és fehér borssal a csuhédarabokat. Helyezze egy vákuumzárható zacskóba, engedje ki a levegőt vízkiszorításos módszerrel, zárja le és merítse a zsákot a vízfürdőbe. Állítsa be az időzítőt 30 percre. Keverjük össze a köményt, a fokhagymát, a hagymát, a koriandert és a halfűszert. Félretesz, mellőz.

Közben elkészítjük a beurre blanc-t. Helyezzen egy serpenyőt közepes lángra, és adjon hozzá medvehagymát, ecetet és borsot. Főzzük, hogy szirupot kapjunk. Csökkentse a hőt alacsonyra, és folyamatos keverés mellett adjon hozzá vajat. Adjuk hozzá a kaprot, a citromlevet és a sáfrányport, folyamatosan keverjük, és főzzük 2 percig. Adjunk hozzá tejszínt és ízesítsük sóval. 1 percig főzzük. Kapcsolja ki a hőt és tegye félre.

Ha az időzítő leállt, távolítsa el és zárja ki a zacskót. Tegyünk egy serpenyőt közepes lángra, adjunk hozzá pekándió olajat. Szárítsd meg a burgonyát és a fűszerkeveréket, majd süsd meg a felhevített olajon. Tálaljuk a burgonyát és a beurre nantaist párolt spenóttal.

Édes kolbász és szőlő

Előkészítés + főzési idő: 1 óra 20 perc | Adagok: 4

Hozzávalók

2 ½ csésze mag nélküli fehér szőlő eltávolított szárral

1 evőkanál apróra vágott friss rozmaring

2 evőkanál vaj

4 egész édes olasz kolbász

2 evőkanál balzsamecet

Só és fekete bors ízlés szerint

Útvonalak

Készítsen vízfürdőt, és helyezze bele a Sous Vide-t. 160 F-ra állítva.

Helyezze a szőlőt, a rozmaringot, a vajat és a kolbászt egy vákuummal zárható zacskóba. Engedje ki a levegőt vízkiszorításos módszerrel, zárja le és merítse a zsákot a vízfürdőbe. 60 percig főzzük.

Ha az időzítő leállt, távolítsa el a kolbászokat, és tegye át a főzőlevet és a szőlőt egy közepes lángú serpenyőbe. Felöntjük balzsamecettel, és 3 percig forraljuk. Sózzuk, borsozzuk. Melegíts fel egy serpenyőt közepes lángon, és pirítsd a kolbászt 3-4 percig. A szósszal és a szőlővel tálaljuk.

Édes borda mangó szójaszósszal

Előkészítés + főzési idő: 36 óra 25 perc | Adagok: 4

Hozzávalók

4 kiló sertésborda

Só és fekete bors ízlés szerint

1 csésze mangólé

¼ csésze szójaszósz

3 evőkanál méz

1 evőkanál chilis fokhagyma paszta

1 evőkanál őrölt gyömbér

2 evőkanál kókuszolaj

1 tk kínai ötfűszeres por

1 tk őrölt koriander

Útvonalak

Készítsen vízfürdőt, és helyezze bele a Sous Vide-t. 146 F-ra állítva.

A bordákat sóval, borssal ízesítjük, majd vákuummal zárható zacskóba tesszük. Engedje ki a levegőt vízkiszorításos módszerrel, zárja le és merítse a zsákot a vízfürdőbe. 36 órán át főzzük. Ha az időzítő leállt, távolítsa el a bordákat, és törölje szárazra. Dobja ki a főzőlevet.

Melegítsen fel egy serpenyőt közepes lángon, és forralja fel 10 percig a mangólevet, a szójaszószt, a chilit, a fokhagymapürét, a mézet, a gyömbért, a kókuszolajat, az öt fűszert és a koriandert. A bordákat meglocsoljuk a szósszal. Tedd át egy tepsibe, és süsd 5 percig 390 fokos sütőben.

Édes karaj és cukkini mandulával

Előkészítés + főzési idő: 3 óra 15 perc | Adagok: 2

Hozzávalók

2 karaj sertéskaraj

Só és fekete bors ízlés szerint

3 evőkanál olívaolaj

1 evőkanál frissen facsart citromlé

2 tk vörösbor ecet

2 tk méz

2 evőkanál olívaolaj

2 közepes cukkini, szalagokra szeletelve

2 evőkanál mandula, pirított

Útvonalak

Készítsen vízfürdőt, és helyezze bele a Sous Vide-t. Állítsa 138 F-ra. Helyezze a fűszerezett sertéshúst egy vákuummal zárható zacskóba. Adjunk hozzá 1 evőkanál olívaolajat. Engedje ki a levegőt vízkiszorításos módszerrel, zárja le és merítse a zsákot a vízfürdőbe. 3 órán át főzzük.

Keverje össze a citromlevet, a mézet, az ecetet és a 2 evőkanál olívaolajat. Sózzuk, borsozzuk. Ha az időzítő leállt, vegye ki a zacskót, és öntse ki a főzőlevet. Egy serpenyőben nagy lángon hevítsünk rizsolajat, és süssük oldalanként 1 percig a sertéshúst. Levesszük a tűzről és 5 percig pihentetjük.

A salátához egy tálban összekeverjük a cukkinit az öntetkeverékkel. Sózzuk, borsozzuk. A sertéshúst tányérra tesszük, és a cukkinivel tálaljuk. Díszítsük mandulával.

Sertésszelet kaliforniai paprikával és kukoricakeveréssel

Előkészítés + főzési idő: 1 óra 10 perc | Adagok: 4

Hozzávalók

4 sertésszelet

1 kis piros kaliforniai paprika, felkockázva

1 kis sárga hagyma, felkockázva

2 csésze fagyasztott kukoricaszem

¼ csésze koriander

Só és fekete bors ízlés szerint

1 evőkanál kakukkfű

4 evőkanál növényi olaj

Útvonalak

Készítsen vízfürdőt, és helyezze bele a Sous Vide-t. Állítsa 138 F-ra. Szórja meg a sertéshúst sóval, és helyezze egy vákuummal zárható zacskóba. Vízkiszorításos módszerrel engedje ki a levegőt, zárja le és merítse vízfürdőbe a zsákot. 1 órán át főzzük.

Egy serpenyőben közepes lángon olajat hevítünk, és megdinszteljük a hagymát, a pirospaprikát és a kukoricát. Sózzuk, borsozzuk. Hozzákeverjük a koriandert és a kakukkfüvet. Félretesz, mellőz. Ha az időzítő leállt, távolítsa el a sertéshúst, és tegye át a forró serpenyőbe. Mindkét oldalát 1 percig sütjük. A sertéshúst párolt zöldségekkel tálaljuk.

Krémes konyakos sertéskaraj

Előkészítés + főzési idő: 4 óra 50 perc | Adagok: 4

Hozzávalók

3 kiló csont nélküli sertéskaraj sült

Só ízlés szerint

2 vékonyra szeletelt hagyma

¼ csésze konyak

1 csésze tej

1 csésze sajtkrém

Útvonalak

Készítsen vízfürdőt, és helyezze bele a Sous Vide-t. Állítsa 146 F-ra. Ízesítse a sertéshúst sóval és borssal. Melegíts fel egy serpenyőt közepes lángon, és süsd meg a sertéshúst 8 percig. Félretesz, mellőz. Keverjük hozzá a hagymát, és főzzük 5 percig. Hozzáadjuk a konyakot, és lassú tűzön főzzük. Hagyja hűlni 10 percig.

Helyezze a sertéshúst, a hagymát, a tejet és a tejszínt egy vákuummal zárható zacskóba. Engedje ki a levegőt vízkiszorításos módszerrel, zárja le és merítse a vízfürdőbe. 4 órán át főzzük. Ha az időzítő leállt, távolítsa el a sertéshúst. Tegye félre, melegen tartsa. Melegíts fel egy serpenyőt, és öntsd bele a főzőlevet. 10 percig keverjük, amíg fel nem párolódik. Sózzuk, borsozzuk. A sertéshúst felszeleteljük és tejszínes szósszal tálaljuk.

Paradicsomos sertés csülök sárgarépával

Előkészítés + főzési idő: 48 óra 30 perc | Adagok: 4

Hozzávalók

2 sertés csülök

1 (14,5 uncia) doboz kockára vágott paradicsom lével

1 csésze marhahúsleves

1 csésze finomra vágott hagyma

½ csésze finomra vágott édesköményhagyma

½ csésze finomra vágott sárgarépa

Só ízlés szerint

½ csésze vörösbor

1 babérlevél

Útvonalak

Készítsen vízfürdőt, és helyezze bele a Sous Vide-t. Állítsa 149 F-ra. Távolítsa el a hasi zsírt a szárról, és helyezze egy vákuummal lezárható zacskóba. Adja hozzá a többi hozzávalót. Engedje ki a levegőt vízkiszorításos módszerrel, zárja le és merítse a zacskót a vízfürdőbe. 48 órán át főzzük.

Ha az időzítő leállt, távolítsa el a szárat, és dobja ki a babérlevelet. Tartsa le a főzőlevet. Tegye a csülköt egy tepsibe, és süsse 5 percig, amíg megpirul. Melegíts fel egy serpenyőt közepes lángon, és keverd hozzá a főzőlevet. 10 percig főzzük, amíg besűrűsödik. A sertéshúst meglocsoljuk a szósszal és tálaljuk.

Sertésszelet fűszeres kávészósszal

Előkészítés + főzési idő: 2 óra 50 perc | Adagok: 4

Hozzávalók

4 csontos sertésszelet

1 evőkanál paprikapor

1 evőkanál őrölt kávé

1 evőkanál barna cukor

1 evőkanál fokhagymás só

1 evőkanál olívaolaj

Útvonalak

Készítsen vízfürdőt, és helyezze bele a Sous Vide-t. Állítsa 146 F-ra. Helyezze a sertéshúst egy vákuummal zárható zacskóba. Vízkiszorításos módszerrel engedje ki a levegőt, zárja le és merítse vízfürdőbe a zsákot. 2 óra 30 percig főzzük.

Közben elkészítjük a szószt, jól összekeverjük a paprikaport, az őrölt kávét, a barna cukrot és a fokhagymás sót. Ha az időzítő leállt, távolítsa el a sertéshúst és szárítsa meg.

A sertéshúst meglocsoljuk a szósszal. Egy serpenyőben nagy lángon hevíts olajat, és süsd meg a sertéshúst oldalanként 1-2 percig. Hagyja pihenni 5 percig. A sertéshúst szeletekre vágjuk és tálaljuk.

Fűszeres hátszín

Előkészítés + főzési idő: 3 óra 15 perc | Adagok: 4

énösszetevőket

1 kiló sertés szűzpecsenye, vágva

Só ízlés szerint

½ teáskanál fekete bors

3 evőkanál chili paszta

Útvonalak

Készítsen vízfürdőt, és helyezze bele a Sous Vide-t. 146 F-ra állítva.

Keverjük össze a szűzpecsenyét sóval és borssal, és tegyük egy vákuumzárható zacskóba. Engedje ki a levegőt vízkiszorításos módszerrel, zárja le és merítse a zsákot a vízfürdőbe. 3 órán át főzzük.

Ha az időzítő leállt, távolítsa el a sertéshúst, és kenje meg chili pasztával. Melegíts fel egy grillsütőt nagy lángon, és pirítsd a bélszínt 5 percig, amíg megpirul. Engedd meg a pihenést. A bélszínt szeletekre vágjuk és tálaljuk.

Sós sertésszelet gombával

Előkészítés + főzési idő: 65 perc | Adagok: 2

Hozzávalók

2 vastagra vágott csontos sertésszelet

Só és fekete bors ízlés szerint

2 evőkanál vaj, hideg

4 oz vegyes erdei gomba

¼ csésze sherry

½ csésze marhahúsleves

1 tk zsálya

1 evőkanál steak pác

Díszítésnek apróra vágott fokhagyma

Útvonalak

Készítsen vízfürdőt, és helyezze bele a Sous Vide-t. 138 F-ra állítva.

Keverjük össze a sertéshúst sóval és borssal, és tegyük egy vákuummal zárható zacskóba. Engedje ki a levegőt vízkiszorításos módszerrel, zárja le és merítse a zsákot a vízfürdőbe. 45 percig főzzük.

Ha az időzítő leállt, távolítsa el a sertéshúst és szárítsa meg. Dobja ki a főzőlevet. Egy serpenyőben közepes lángon hevíts fel 1 evőkanál vajat, és süsd meg a sertéshúst mindkét oldalát 1 percig. Tegyük át egy tányérra, és tegyük félre.

Ugyanabban a forró serpenyőben főzzük a gombát 2-3 percig. Keverje hozzá a sherryt, az alaplevet, a zsályát és a steak pácot, amíg a szósz besűrűsödik. Adjuk hozzá a maradék vajat, és ízesítsük sóval és borssal; jól keverjük össze. A sertéshúst megkenjük a szósszal, és a tálaláshoz fokhagymás metélőhagymával díszítjük.

Pancetta és kukorica krémleves

Előkészítés + főzési idő: 1 óra 15 perc | Adagok: 4

Hozzávalók

4 szem kukorica, szemek leborotváltak

4 evőkanál vaj

1 csésze tej

1 babérlevél

Só és fehér bors ízlés szerint

4 szelet ropogósra főtt pancetta

2 evőkanál darált metélőhagyma

Útvonalak

Készítsen vízfürdőt, és helyezze bele a Sous Vide-t. 186 F-ra állítva.

Keverjük össze a kukoricaszemeket, a tejet, a kukoricacsutkát, 1 evőkanál sót, 1 evőkanál fehér borsot és a babérlevelet. Tegye vákuummal zárható zacskóba. Engedje ki a levegőt vízkiszorításos módszerrel, zárja le és merítse a zsákot a vízfürdőbe. 1 órán át főzzük.

Ha az időzítő leállt, vegye ki a zacskót, és távolítsa el a kukoricacsutkát és a babérlevelet. Tegye a keveréket egy turmixgépbe püré módban 1 percre. Ha más konzisztenciát szeretne, adjon hozzá egy kis tejet. Sózzuk, borsozzuk. Tálaláskor pancettával és metélőhagymával díszítjük.

Köményes és fokhagymás sertéskabob

Előkészítés + főzési idő: 4 óra 20 perc | Adagok: 4

Hozzávalók

1 kiló csont nélküli sertés lapocka, kockára vágva

Só ízlés szerint

1 evőkanál őrölt szerecsendió

1 evőkanál darált fokhagyma

1 tk kömény

1 tk koriander

1 tk fokhagyma por

1 tk barna cukor

1 tk frissen őrölt fekete bors

1 evőkanál olívaolaj

Útvonalak

Készítsen vízfürdőt, és helyezze bele a Sous Vide-t. Állítsa 149 F-ra. Kenje meg a sertéshúst sóval, fokhagymával, szerecsendióval, köménnyel, korianderrel, borssal és barna cukorral, és tegye egy vákuumzárható zacskóba. Engedje ki a levegőt vízkiszorításos módszerrel, zárja le és merítse a zsákot a vízfürdőbe. 4 órán át főzzük.

Melegíts fel egy grillt magas lángon. Ha az időzítő leállt, távolítsa el a sertéshúst, és tegye át a grillre. 3 percig pirítjuk, amíg megpirul.

Félelmetes sertésszelet balzsammázzal

Előkészítés + főzési idő: 3 óra 20 perc | Adagok: 2

Hozzávalók

2 sertésszelet

Só és fekete bors ízlés szerint

1 evőkanál olívaolaj

4 evőkanál balzsamecet

2 tk friss rozmaring, apróra vágva

Útvonalak

Készítsen vízfürdőt, és helyezze bele a Sous Vide-t. 146 F-ra állítva.

Keverjük össze a sertéshúst sóval és borssal, és tegyük egy vákuummal zárható zacskóba. Engedje ki a levegőt vízkiszorításos módszerrel, zárja le és merítse a vízfürdőbe. 3 órán át főzzük. Ha az időzítő leállt, távolítsa el a sertéshúst és szárítsa meg.

Egy serpenyőben olívaolajat hevítünk, és 5 percig pirítjuk benne a szeleteket, amíg megpirul. Hozzáadjuk a balzsamecetet és pároljuk. Ismételje meg a folyamatot 1 percig. Tányérra és rozmaringgal és balzsamecmártással díszítjük.

Vörös káposzta és burgonya kolbásszal

Előkészítés + főzési idő: 2 óra 20 perc | Adagok: 4

Hozzávalók

½ fej vöröskáposzta, szeletelve

1 alma, apró kockákra vágva

24 oz piros burgonya, negyedekre vágva

1 kisebb hagyma, szeletelve

¼ teáskanál zellersó

2 evőkanál almaecet

2 evőkanál barna cukor

Fekete bors ízlés szerint

1 kiló előfőzött füstölt sertéskolbász, szeletelve

½ csésze csirkehúsleves

2 evőkanál vaj

Útvonalak

Készítsen vízfürdőt, és helyezze bele a Sous Vide-t. Állítsa 186 F-ra. Keverje össze a káposztát, a burgonyát, a hagymát, az almát, az almabort, a barna cukrot, a fekete borsot, a zellert és a sót.

Helyezze a kolbászt és a keveréket egy vákuummal zárható zacskóba. Vízkiszorításos módszerrel engedje ki a levegőt, zárja le és merítse a zsákot a vízfürdőbe. 2 órán át főzzük.

Melegítsük fel a vajat egy serpenyőben közepes lángon. Ha az időzítő leállt, vegye ki a zacskót, és tegye át a tartalmát egy serpenyőbe. Addig főzzük, amíg a folyadék el nem párolog. Hozzáadjuk a káposztát, a hagymát és a burgonyát, és pirulásig pirítjuk. A keveréket tálalótálakba osztjuk.

Karaj sertés mandulával

Előkészítés + főzési idő: 3 óra 20 perc | Adagok: 2

Hozzávalók

3 evőkanál olívaolaj

3 evőkanál mustár

2 evőkanál méz

Só és fekete bors ízlés szerint

2 csontos sertés karaj

1 evőkanál citromlé

2 tk vörösbor ecet

2 evőkanál repceolaj

2 csésze vegyes bébi saláta

2 evőkanál vékonyra szeletelt aszalt paradicsom

2 tk mandula, pirított

Útvonalak

Készítsen vízfürdőt, és helyezze bele a Sous Vide-t. 138 F-ra állítva.

Keverjünk össze 1 evőkanál olívaolajat, 1 evőkanál mézet és 1 evőkanál mustárt, és ízesítsük sóval és borssal. Kenjük meg a karajt a keverékkel. Tegye vákuummal zárható zacskóba. Engedje ki a levegőt vízkiszorításos módszerrel, zárja le és merítse a zsákot a vízfürdőbe. 3 órán át főzzük.

Közben elkészítjük az öntetet a citromlével, ecettel, 2 evőkanál olívaolajjal, 2 evőkanál mustárral és a maradék mézzel. Sózzuk, borsozzuk. Ha az időzítő leállt, távolítsa el a karajt. Dobja ki a főzőlevet. Melegítsünk repceolajat egy serpenyőben nagy lángon, és pirítsuk meg a karajt oldalanként 30 másodpercig. Hagyja pihenni 5 percig.

A salátához egy tálban keverjük össze a salátát, az aszalt paradicsomot és a mandulát. Az öntet 3/4-ét összekeverjük az öntettel, és a salátával tálaljuk.

Kellemes sertéshús Salsa Verde-ben

Előkészítés + főzési idő: 24 óra 25 perc | Adagok: 8)

Hozzávalók

2 kiló csont nélküli sertés lapocka, kockára vágva

Só ízlés szerint

1 evőkanál őrölt kömény

1 tk frissen őrölt fekete bors

1 evőkanál olívaolaj

1 kiló tomatillo

3 poblano paprika finomra kimagozva és felkockázva

½ fehér hagyma apróra vágva

1 serrano kimagozott és felkockázva

3 gerezd zúzott fokhagyma

1 csokor durvára vágott koriander

1 csésze csirkehúsleves

½ csésze limelé

1 evőkanál oregánó

Útvonalak

Készítsen vízfürdőt, és helyezze bele a Sous Vide-t. Állítsa 149 F-ra.

Fűszerezze a sertéshúst sóval, köménnyel és borssal. Egy serpenyőben erős lángon hevíts olajat, és süsd meg a sertéshúst 5-

7 percig. Félretesz, mellőz. Ugyanabban a serpenyőben főzzük a tomatillót, a poblano-t, a hagymát, a serranót és a fokhagymát 5 percig. Tegye át egy konyhai robotgépbe, és adja hozzá a koriandert, a lime levét, a csirkelevest és az oregánót. 1 percig turmixoljuk.

Helyezze a sertéshúst és a szószt egy vákuummal zárható zacskóba. Engedje ki a levegőt vízkiszorításos módszerrel, zárja le és merítse a zsákot a vízfürdőbe. 24 órán át főzzük. Ha az időzítő leállt, vegye ki a zacskót, és töltse tálalóedényekbe. Sózzuk, borsozzuk. Rizzsel tálaljuk.

Fűszeres kókuszos sertésborda

Előkészítés + főzési idő: 8 óra 30 perc | Adagok: 4

Hozzávalók

1/3 csésze kókusztej

2 evőkanál kókuszvaj

2 evőkanál szójaszósz

2 evőkanál barna cukor

2 evőkanál száraz fehérbor

1 citromfű szár, apróra vágva

1 evőkanál Sriracha szósz

1 evőkanál friss gyömbér, reszelve

2 gerezd fokhagyma, szeletelve

2 tk szezámolaj

1 kiló csont nélküli sertésborda

Apróra vágott friss koriander

Főtt basmati rizs a tálaláshoz

Útvonalak

Készítsen vízfürdőt, és helyezze bele a Sous Vide-t. 134 F-ra állítva.

Egy robotgépben keverje simára a kókusztejet, a kókuszvajat, a szójaszószt, a barna cukrot, a bort, a citromfüvet, a gyömbért, a sriracha szószt, a fokhagymát és a szezámolajat.

Helyezze a bordákat és kenje meg a keverékkel egy vákuumzárható zacskóba. Engedje ki a levegőt vízkiszorításos módszerrel, zárja le és merítse a zsákot a vízfürdőbe. 8 órán át főzzük.

Ha az időzítő leállt, távolítsa el a bordákat, és tegye át egy tányérra. Melegíts fel egy serpenyőt közepes lángon, és öntsd bele a főzőlevet. 10-15 percig pároljuk. Adjuk hozzá a bordákat a szószhoz, és jól keverjük össze. 5 percig főzzük. Díszítsük korianderrel és rizzsel tálaljuk.

Juicy BBQ Baby Ribs

Előkészítés + főzési idő: 16 óra 50 perc | Adagok: 5

Hozzávalók

4 kiló sertés baba hátborda

3 ½ csésze BBQ szósz

⅓ csésze paradicsompüré

4 mogyoróhagyma, apróra vágva

2 evőkanál friss petrezselyem, apróra vágva

Útvonalak

Készítsen vízfürdőt, és helyezze bele a Sous Vide-t. 162 F-ra állítva.

Helyezze a különálló bordákat egy vákuummal zárható zacskóba 3 csésze BBQ szósszal. Engedje ki a levegőt vízkiszorításos módszerrel, zárja le és merítse a zsákot a vízfürdőbe. 16 órán át főzzük.

Egy tálban keverjük össze a maradék BBQ szószt és a paradicsompürét. Tedd félre a hűtőbe.

Ha az időzítő leállt, távolítsa el a bordákat, és törölje szárazra konyharuhával. Dobja ki a főzőlevet.

Melegítse elő a sütőt 300 F-ra. Kenje meg a bordákat a BBQ szósszal mindkét oldalát, és tegye át a sütőbe. 10 percig sütjük. Ismét megkenjük a szósszal, és további 30 percig sütjük. Díszítsük mogyoróhagymával és petrezselyemmel, és tálaljuk.

Fokhagymás sertés filé

Előkészítés + főzési idő: 2 óra 8 perc | Adagok: 3

Hozzávalók:

1 kiló sertés szűzpecsenye

1 csésze zöldségleves

2 gerezd fokhagyma, darálva

1 tk fokhagyma por

3 evőkanál olívaolaj

Só és fekete bors ízlés szerint

Útvonal:

Készítsen vízfürdőt, helyezze bele a Sous Vide-t, és állítsa 136 F-ra.

Jól öblítse le a húst, és törölje szárazra papírtörlővel. Dörzsölje be fokhagymaporral, sóval és fekete borssal. Tedd egy nagy vákuumzárható zacskóba a húslevessel és a darált fokhagymával együtt. Zárja le a zacskót és merítse vízfürdőbe. 2 órán át főzzük. Vegye ki a bélszínt a zacskóból, és szárítsa meg papírtörlővel.

Egy nagy serpenyőben olajat hevítünk. A filét mindkét oldalán 2-3 percig pirítjuk. A sertéshúst felszeleteljük, egy tányérra rendezzük, majd a tetejére kanalazzuk a serpenyős leveket. Szolgál.

Sós kakukkfű és fokhagymás sertés hátszín

Előkészítés + főzési idő: 2 óra 25 perc | Adagok: 8

Hozzávalók

2 evőkanál vaj

1 evőkanál hagymapor

1 evőkanál őrölt kömény

1 evőkanál koriander

1 evőkanál szárított rozmaring

Só ízlés szerint

1 (3 kilós) sertés szűzpecsenye, bőr nélkül

1 evőkanál olívaolaj

Útvonalak

Készítsen vízfürdőt, és helyezze bele a Sous Vide-t. 140 F-ra állítva.

Keverjük össze a hagymaport, a köményt, a fokhagymaport, a rozmaringot és a lime sót. A sertéshúst először megkenjük olívaolajjal és sóval, majd hagymás keverékkel.

Tegye egy vákuummal zárható zacskóba. Engedje ki a levegőt vízkiszorításos módszerrel, zárja le és merítse a zsákot a vízfürdőbe. 2 órán át főzzük.

Ha az időzítő leállt, távolítsa el a sertéshúst, és törölje szárazra konyharuhával. Dobja ki a főzőlevet. Egy serpenyőben nagy lángon hevítsük fel a vajat, és süssük meg a sertéshúst 3-4 percig, amíg minden oldala megpirul. Hagyjuk 5 percig hűlni, majd medalionokra vágjuk.

Sertésszelet gombamártással

Előkészítés + főzési idő: 1 óra 10 perc | Adagok: 3

Hozzávalók:

3 (8 oz) sertésszelet

Só és fekete bors ízlés szerint

3 evőkanál vaj, sótlan

6 oz gomba

½ csésze marhahúsleves

2 evőkanál Worcestershire szósz

3 ek fokhagyma metélőhagyma, felaprítva a díszítéshez

Útvonal:

Készítsen vízfürdőt, helyezze bele a Sous Vide-t, és állítsa 140 F-ra. Dörzsölje be a sertésszeleteket sóval és borssal, és helyezze egy vákuummal zárható zacskóba. Engedje ki a levegőt vízkiszorításos módszerrel, zárja le és merítse a zsákot a vízfürdőbe. Állítsa az időzítőt 55 percre.

Ha az időzítő leállt, távolítsa el és zárja ki a zacskót. Távolítsa el a sertéshúst, és papírtörlővel szárítsa meg. Dobja ki a gyümölcsleveket. Helyezzen egy serpenyőt közepes lángra, és adjon hozzá 1 evőkanál vajat. A sertéshúst mindkét oldalát 2 percig sütjük. Félretesz, mellőz. A serpenyőben még mindig a tűzön adjuk hozzá a gombát, és főzzük 5 percig. Lekapcsoljuk a hőt, hozzáadjuk a maradék vajat, és addig kavargatjuk, amíg a vaj elolvad. Borssal és sóval ízesítjük. Sertésszeleteket gombamártással tálaljuk rá.

Édes almás kolbász

Előkészítés + főzési idő: 55 perc | Adagok: 4

Hozzávalók

¾ tk olívaolaj

4 olasz kolbász

4 evőkanál almalé

Útvonalak

Készítsen vízfürdőt, és helyezze bele a Sous Vide-t. 162 F-ra állítva.

Helyezze a kolbászokat és kolbászonként 1 evőkanál almabort egy vákuumzárható zacskóba. Vízkiszorításos módszerrel engedje ki a levegőt, zárja le és merítse vízfürdőbe a zsákot. 45 percig főzzük.

Egy serpenyőben közepes lángon hevítsünk olajat. Ha az időzítő leállt, vegyük ki a kolbászokat, tegyük a serpenyőbe, és főzzük 3-4 percig, amíg meg nem pirulnak.

Édes narancsos sertés tacos

Előkészítés + főzési idő: 7 óra 10 perc | Adagok: 8

Hozzávalók

½ csésze narancslé

4 evőkanál méz

2 evőkanál friss fokhagyma, darált

2 evőkanál friss gyömbér, darálva

2 evőkanál Worcestershire szósz

2 tk hoisin szósz

2 tk sriracha szósz

½ narancs héja

1 kiló sertés lapocka

8 liszt tortilla, felmelegítve

½ csésze apróra vágott friss koriander

1 lime, szeletekre vágva

Útvonalak

Készítsen vízfürdőt, és helyezze bele a Sous Vide-t. 175 F-ra állítva.

Jól keverje össze a narancslevet, 3 evőkanál mézet, fokhagymát, gyömbért, Worcestershire szószt, hoisin szószt, srirachát és narancshéjat.

Tegye a sertéshúst egy vákuummal zárható zacskóba, és öntse hozzá a narancsmártáshoz. Engedje ki a levegőt vízkiszorításos módszerrel, zárja le és merítse a zsákot a vízfürdőbe. 7 órán át főzzük.

Ha az időzítő leállt, távolítsa el a sertéshúst, és tegye át egy sütőlapra. Tartsa le a főzőleveket.

Melegíts fel egy serpenyőt közepes lángon, és öntsd bele a levét a maradék mézzel. 5 percig főzzük, amíg bugyborékol, és felére csökken. A sertéshúst megkenjük a szósszal. Töltsük meg a tortillákat a sertéshússal. Díszítsük korianderrel, és tálaljuk a maradék szósszal.

Mexikói sertés carnitas Salsa Rojával

Előkészítés + főzési idő: 49 óra 40 perc | Adagok: 8

Hozzávalók

3 evőkanál olívaolaj

2 evőkanál pirospaprika pehely

Só ízlés szerint

2 tk forró mexikói chili por

2 tk szárított oregánó

½ teáskanál őrölt fahéj

2¼ font csont nélküli sertés lapocka

4 kisebb érett paradicsom kockára vágva

¼ vöröshagyma, kockára vágva

¼ csésze korianderlevél, apróra vágva

Frissen facsart citromlé

8 kukorica tortilla

Útvonalak

Jól keverje össze a pirospaprika pelyhet, a kóser sót, a forró mexikói chiliport, az oregánót és a fahéjat. Kenjük meg a chilis keverékkel a sertéshúst, és fedjük le alufóliával. Hagyjuk 1 órát hűlni.

Készítsen vízfürdőt, és helyezze bele a Sous Vide-t. Állítsa 159 F-ra. Helyezze a sertéshúst egy vákuummal zárható zacskóba. Engedje ki a levegőt vízkiszorításos módszerrel, zárja le és merítse a vízfürdőbe. 48 órán át főzzük. 15 perccel a vége előtt keverjük össze a paradicsomot, a hagymát és a koriandert. Adjunk hozzá citromlevet és sót.

Ha az időzítő leállt, vegye ki a zacskót, és tegye át a sertéshúst egy vágódeszkára. Dobja ki a főzőlevet. Addig húzzuk a húst, amíg fel nem törik. Melegítsünk növényi olajat egy serpenyőben közepes lángon, és süssük meg a felaprított sertéshúst, amíg ropogós és kérges részeket nem kapunk. Töltsük meg a tortillát sertéshússal. A tetejére salsa roja-t teszünk, és tálaljuk.

Chilis csirke és Chorizo taco sajttal

Előkészítés + főzési idő: 3 óra 25 perc | Adagok: 8

Hozzávalók

2 sertéskolbász, öntvény eltávolítva

1 poblano paprika, szárral és kimagozva

½ jalapeño bors, szárral és kimagozva

4 mogyoróhagyma, apróra vágva

1 csokor friss korianderlevél

½ csésze apróra vágott friss petrezselyem

3 gerezd fokhagyma

2 evőkanál lime lé

1 teáskanál só

¾ teáskanál őrölt koriander

¾ tk őrölt kömény

4 bőr nélküli, kicsontozott csirkemell, szeletelve

1 evőkanál növényi olaj

½ sárgahagyma, vékonyra szeletelve

8 kukorica taco héj

3 evőkanál Provolone sajt

1 paradicsom

1 jégsaláta, felaprítva

Útvonalak

Tedd turmixgépbe a ½ csésze vizet, poblano borsot, jalapeño borsot, mogyoróhagymát, koriandert, petrezselymet, fokhagymát, lime levét, sót, koriandert és köményt, és keverd simára. Helyezze a csirkecsíkokat és a borsos keveréket egy vákuummal zárható zacskóba. Tegyük be a hűtőbe, és hagyjuk hűlni 1 órát.

Készítsen vízfürdőt, és helyezze bele a Sous Vide-t. Állítsa 141 F-ra. Helyezze a csirkemeveréket a fürdőbe. 1 óra 30 percig főzzük.

Egy serpenyőben közepes lángon hevíts olajat, és pirítsd meg a hagymát 3 percig. Hozzáadjuk a chorizót és 5-7 percig főzzük. Ha az időzítő leállt, távolítsa el a csirkét. Dobja ki a főzőlevet. Adjuk hozzá a csirkét, és jól keverjük össze. Töltsük meg a tortillákat csirke-chorizo keverékkel. A tetejére sajtot, paradicsomot és salátát teszünk. Szolgál.

Csirke zöldségekkel

Előkészítés + főzési idő: 2 óra 15 perc | Adagok: 2

Hozzávalók:

1 kiló csirkemell, csont nélkül és bőr nélkül

1 csésze piros kaliforniai paprika, szeletelve

1 csésze zöld kaliforniai paprika, szeletelve

1 csésze cukkini, szeletelve

½ csésze hagyma, apróra vágva

1 csésze karfiol rózsa

½ csésze frissen facsart citromlé

½ csésze csirke alaplé

½ teáskanál őrölt gyömbér

1 tk rózsaszín himalájai só

Útvonal:

Egy tálban keverjük össze a citromlevet csirke alaplével, gyömbérrel és sóval. Jól keverjük össze, és adjuk hozzá a szeletelt zöldségeket. Félretesz, mellőz. A csirkemellet hideg folyóvíz alatt jól öblítsük le. Éles kés segítségével a húst falatnyi darabokra vágjuk.

Összekeverjük a többi hozzávalóval és jól összedolgozzuk. Tegye át egy nagy, vákuummal zárható zacskóba, és zárja le. Főzzük a Sous Vide-t 2 órán keresztül 167 F-on. Azonnal tálaljuk.

Könnyű fűszeres-mézes csirke

Előkészítés + főzési idő: 1 óra 45 perc | Adagok: 4

Hozzávalók

8 evőkanál vaj

8 gerezd fokhagyma apróra vágva

6 evőkanál chili szósz

1 tk kömény

4 evőkanál méz

1 lime leve

Só és fekete bors ízlés szerint

4 csont nélküli, bőr nélküli csirkemell

Útvonalak

Készítsen vízfürdőt, és helyezze bele a Sous Vide-t. 141 F-ra állítva.

Melegíts fel egy serpenyőt közepes lángon, és tedd bele a vajat, a fokhagymát, a köményt, a chili szószt, a cukrot, a lime levét és egy csipet sót és borsot. 5 percig főzzük. Tegyük félre, és hagyjuk kihűlni.

Keverje össze a csirkét sóval és borssal, és tegye 4 db vákuummal zárható zacskóba a páccal együtt. Vízkiszorításos módszerrel engedje ki a levegőt, zárja le és merítse a zacskókat a vízfürdőbe. 1 óra 30 percig főzzük.

Ha az időzítő leállt, vegye ki a csirkét, és törölje szárazra konyharuhával. Minden zacskóból tartalékoljuk a főzőlé felét, és közepes lángon egy edénybe tesszük. Addig főzzük, amíg a szósz felforr, majd tegyük bele a csirkét, és főzzük 4 percig. A csirkemellet kivesszük és szeletekre vágjuk. Rizzsel tálaljuk.

Klasszikus Chicken Cordon Bleu

Előkészítés + főzési idő: 1 óra 50 perc + hűtési idő | Adagok: 4

Hozzávalók

½ csésze vaj

4 csont nélküli, bőr nélküli csirkemell

Só és fekete bors ízlés szerint

1 tk cayenne bors

4 gerezd fokhagyma, felaprítva

8 szelet sonka

8 szelet ementáli sajt

Útvonalak

Készítsen vízfürdőt, és helyezze bele a Sous Vide-t. Állítsa 141 F-ra. Ízesítse a csirkét sóval és borssal. Fedjük le műanyag fóliával és tekerjük. Tegyük félre, és hagyjuk kihűlni.

Melegíts fel egy serpenyőt közepes lángon, és adj hozzá egy kis fekete borsot, cayenne borsot, 1/4 csésze vajat és fokhagymát. Addig főzzük, amíg a vaj elolvad. Tedd át egy tálba.

A csirke egyik oldalát bedörzsöljük a vajas keverékkel. Ezután tegyünk rá 2 szelet sonkát és 2 szelet sajtot, és fedjük le. Tekerje fel mindegyik mellet műanyag fóliával, és tegye be a hűtőszekrénybe 2-3 órára vagy 20-30 percre a fagyasztóba.

Helyezze a mellet két vákuummal zárható zacskóba. Vízkiszorításos módszerrel engedje ki a levegőt, zárja le és merítse a zacskókat a vízfürdőbe. 1 óra 30 percig főzzük.

Ha az időzítő leállt, távolítsa el a melleket, és vegye le a műanyagot. A maradék vajat egy serpenyőben közepes lángon felhevítjük, és oldalanként 1-2 percig pirítjuk a csirkét.

Ropogós házi sült csirke

Előkészítés + főzési idő: 3 óra 20 perc | Adagok: 8)

Hozzávalók

½ evőkanál szárított bazsalikom

2¼ csésze tejföl

8 db csirkecomb

Só és fehér bors ízlés szerint

½ csésze növényi olaj

3 csésze liszt

2 evőkanál fokhagyma por

1 ½ evőkanál cayenne-i pirospaprika por

1 evőkanál szárított mustár

Útvonalak

Készítsen vízfürdőt, és helyezze bele a Sous Vide-t. Állítsa 156 F-ra. Fűszerezze be a csirkehús sót, és tegye egy vákuummal zárható zacskóba. Engedje ki a levegőt vízkiszorításos módszerrel, zárja le és merítse a vízfürdőbe. 3 órán át főzzük. Ha az időzítő leállt, vegye ki a csirkét, és törölje szárazra konyharuhával.

Keverjük össze a sót, a lisztet, a fokhagymaport, a fehér borsot, a cayenne-i pirospaprika port, a mustárt, a fehér borsot és a bazsalikomot egy tálban. Tegyük a tejfölt egy másik tálba.

A csirkét mártsuk a lisztes keverékbe, majd a tejfölbe és ismét a lisztes keverékbe. Egy serpenyőben közepes lángon hevítsünk olajat. Tegyük a csülökbe, és 3-4 perc alatt süssük ropogósra. Szolgál.

Fűszeres csirkemell

Előkészítés + főzési idő: 1 óra 40 perc | Adagok: 4

Hozzávalók

½ csésze chili szósz

2 evőkanál vaj

1 evőkanál fehér ecet

1 evőkanál pezsgőecet

4 csirkemell félbevágva

Só és fekete bors ízlés szerint

Útvonalak

Készítsen vízfürdőt, és helyezze bele a Sous Vide-t. 141 F-ra állítva.

Melegíts fel egy serpenyőt közepes lángon, és keverd össze a chili szószt, 1 evőkanál vajat és az ecetet. Addig főzzük, amíg a vaj elolvad. Félretesz, mellőz.

A csirkemellet sózzuk, borsozzuk, és két vákuummal zárható zacskóba helyezzük a chilis mixel. Vízkiszorításos módszerrel engedje ki a levegőt, zárja le és merítse a zacskókat a vízfürdőbe. 1 óra 30 percig főzzük.

Ha az időzítő leállt, távolítsa el a csirkét, és tegye át egy tepsibe. Dobja ki a főzőlevet. A maradék vajat egy serpenyőben nagy lángon felhevítjük, és oldalanként 1 percig pirítjuk a csirkét. Vágjuk csíkokra. Salátával tálaljuk.

Sós salátacsomagolás gyömbéres-chilis csirkével

Előkészítés + főzési idő: 1 óra 45 perc | Adagok: 5

Hozzávalók

½ csésze hoisin szósz

½ csésze édes chili szósz

3 evőkanál szójaszósz

2 evőkanál reszelt gyömbér

2 evőkanál őrölt gyömbér

1 evőkanál barna cukor

2 gerezd fokhagyma, darálva

1 lime leve

4 csirkemell, felkockázva

Só és fekete bors ízlés szerint

12 salátalevél, leöblítve

⅛ csésze mák

4 metélőhagyma

Útvonalak

Készítsen vízfürdőt, és helyezze bele a Sous Vide-t. Állítsa 141 F-ra. Keverje össze a chiliszószt, a gyömbért, a szójaszószt, a barna

"

cukrot, a fokhagymát és a lime levét. Melegíts fel egy serpenyőt közepes lángon, és öntsd bele a keveréket. 5 percig főzzük. Félretesz, mellőz.

A melleket sóval, borssal ízesítjük. Tegye őket egyenletes rétegben egy vákuummal zárható zacskóba a chili szósz keverékkel. Engedje ki a levegőt vízkiszorításos módszerrel, zárja le és merítse a zsákot a vízfürdőbe. 1 óra 30 percig főzzük.

Ha az időzítő leállt, vegye ki a csirkét, és törölje szárazra konyharuhával. Dobja ki a főzőlevet. Keverjük össze a hoisin szószt a csirkekockákkal és jól keverjük össze. Készítsen halmokat 6 salátalevélből.

Oszd meg a csirkét a salátalevelek között, és csomagolás előtt tedd rá a mákot és a metélőhagymát.

Aromás citromos csirkemell

Előkészítés + főzési idő: 1 óra 50 perc | Adagok: 4

Hozzávalók

3 evőkanál vaj

4 csont nélküli bőr nélküli csirkemell

Só és fekete bors ízlés szerint

1 citrom héja és leve

¼ csésze nehéz tejszín

2 evőkanál csirkehúsleves

1 evőkanál apróra vágott friss zsályalevél

1 evőkanál olívaolaj

3 gerezd fokhagyma, felaprítva

1/4 csésze vöröshagyma, apróra vágva

1 nagy citrom vékonyra szeletelve

Útvonalak

Készítsen vízfürdőt, és helyezze bele a Sous Vide-t. Állítsa 141 F-ra. Ízesítse a mellet sóval és borssal.

Melegítsen fel egy serpenyőt közepes lángon, és keverje össze a citrom levét és héját, a kemény tejszínt, 2 evőkanál vajat, csirkelevest, zsályát, olívaolajat, fokhagymát és lilahagymát. Addig főzzük, amíg a vaj elolvad. Helyezze a melleket 2 db vákuummal zárható zacskóba a citrom-vaj keverékkel. Adjunk hozzá citrom szeleteket. Vízkiszorításos módszerrel engedje ki a levegőt, zárja le és merítse a zacskókat a fürdőbe. 90 percig főzzük.

Ha az időzítő leállt, távolítsa el a melleket, és törölje szárazra konyharuhával. Öntse ki a főzőlevet. A maradék vajat felhevítjük egy serpenyőben, és oldalanként 1 percig pirítjuk a melleket. A melleket csíkokra vágjuk. Rizzsel tálaljuk.

Mustáros és fokhagymás csirke

Előkészítés + főzési idő: 60 perc | Adagok: 5

Hozzávalók:

17 uncia csirkemell

1 evőkanál dijoni mustár

2 evőkanál mustárpor

2 tk paradicsomszósz

3 evőkanál vaj

1 teáskanál só

3 tk darált fokhagyma

¼ csésze szójaszósz

Útvonal:

Készítsen vízfürdőt, és helyezze bele a Sous Vide-t. Állítsa 150 F-ra. Helyezze az összes hozzávalót egy vákuummal zárható zacskóba, és rázza össze. Vízkiszorításos módszerrel engedje ki a levegőt, zárja le és merítse vízfürdőbe a zsákot. Állítsa az időzítőt 50 percre. Ha az időzítő leállt, vegyük ki a csirkét és szeleteljük fel. Melegen tálaljuk.

Egész csirke

Előkészítés + főzési idő: 6 óra 40 perc | Adagok: 6

Hozzávalók:

1 közepes egész csirke

3 gerezd fokhagyma

3 uncia apróra vágott zellerszár

3 evőkanál mustár

Só és fekete bors ízlés szerint

1 evőkanál vaj

Útvonal:

Készítsen vízfürdőt, és helyezze bele a Sous Vide-t. Állítsa 150 F-ra. Keverje össze az összes összetevőt egy vákuummal zárható zacskóban. Vízkiszorításos módszerrel engedje ki a levegőt, zárja le és merítse a zsákot a fürdőbe. Állítsa az időzítőt 6 óra 30 percre. Ha elkészült, hagyja kissé kihűlni a csirkét, mielőtt kifaragná.

Ízletes csirkeszárnyak bivalymártással

Előkészítés + főzési idő: 3 óra | Adagok: 3

Hozzávalók

3 kiló capon csirkeszárny

2½ csésze bivalyszósz

1 csokor friss petrezselyem

Útvonalak

Készítsen vízfürdőt, és helyezze bele a Sous Vide-t. 148 F-ra állítva.

Keverjük össze a capon szárnyakat sóval és borssal. Helyezze egy vákuumzárható zacskóba 2 csésze bivalymártással. Engedje ki a levegőt vízkiszorításos módszerrel, zárja le és merítse a zsákot a vízfürdőbe. 2 órán át főzzük. Melegítsük elő a sütőt, hogy megsüljön.

Ha az időzítő leállt, távolítsa el a szárnyakat, és tegye át egy tálba. Öntsük rá a maradék bivalyszószt, és jól keverjük össze. A szárnyakat alufóliás tepsibe tesszük, és a maradék szósszal bekenjük. 10 percig sütjük, legalább egyszer megforgatjuk. Díszítsük petrezselyemmel.

Finom csirkecomb lime-édes szósszal

Előkészítés + főzési idő: 14 óra 30 perc | Adagok: 8

Hozzávalók

¼ csésze olívaolaj

12 csirkecomb

4 piros kaliforniai paprika apróra vágva

6 újhagyma apróra vágva

4 gerezd fokhagyma, felaprítva

1 dl friss gyömbér, apróra vágva

½ csésze Worcestershire szósz

¼ csésze limelé

2 evőkanál lime héja

2 evőkanál cukor

2 evőkanál friss kakukkfű levél

1 evőkanál szegfűbors

Só és fekete bors ízlés szerint

1 tk őrölt szerecsendió

Útvonalak

Tegye robotgépbe a paprikát, hagymát, fokhagymát, gyömbért, Worcestershire szószt, olívaolajat, lime levét és héját, cukrot, kakukkfüvet, szegfűborsot, sót, fekete borsot és szerecsendiót. és keverjük össze. Tartalék 1/4 csésze szószt.

Tegye a csirkemellet és a lime szószt egy vákuummal zárható zacskóba. Vízkiszorításos módszerrel engedje ki a levegőt. Tegyük be a hűtőbe, és 12 órán át pácoljuk.

Készítsen vízfürdőt, és helyezze bele a Sous Vide-t. Állítsa 152 F-ra. Zárja le és merítse a zacskót a vízfürdőbe. 2 órán át főzzük. Ha az időzítő leállt, vegye ki a csirkét, és törölje szárazra konyharuhával. Öntse ki a főzőlevet. Kenjük meg a csirkét a fenntartott lime szósszal. Melegíts fel egy serpenyőt magas lángon, és süsd meg a csirkét oldalanként 30 másodpercig.

Csirkemell Cajun szósszal

Előkészítés + főzési idő: 1 óra 55 perc | Adagok: 4

Hozzávalók

2 evőkanál vaj

4 csont nélküli bőr nélküli csirkemell

Só és fekete bors ízlés szerint

1 tk kömény

½ csésze Cajun csirke pác

Útvonalak

Készítsen vízfürdőt, és helyezze bele a Sous Vide-t. Állítsa 141 F-ra. Ízesítse a melleket sóval és borssal, és tegye két vákuummal zárható zacskóba a cajun szósszal. Vízkiszorításos módszerrel engedje ki a levegőt, zárja le és merítse a zacskókat a vízfürdőbe. 1 óra 30 percig főzzük.

Ha az időzítő leállt, távolítsa el a csirkét, és szárítsa meg. Dobja ki a főzőlevet. A vajat serpenyőben nagy lángon felhevítjük, és oldalanként 1 percig sütjük a mellet. A melleket felszeleteljük és tálaljuk.

Sriracha csirkemell

Előkészítés + főzési idő: 1 óra 55 perc | Adagok: 4

Hozzávalók

8 evőkanál vaj, kockára vágva

1 kiló csont nélküli bőr nélküli csirkemell

Só és fekete bors ízlés szerint

1 tk szerecsendió

1½ csésze sriracha szósz

Útvonalak

Készítsen vízfürdőt, és helyezze bele a Sous Vide-t. 141 F-ra állítva.

A melleket sóval, szerecsendióval, borssal ízesítjük és. két vákuummal zárható zacskóba tesszük sriracha szósszal. Vízkiszorításos módszerrel engedje ki a levegőt, zárja le és merítse a zacskókat a vízfürdőbe. 1 óra 30 percig főzzük.

Ha az időzítő leállt, vegye ki a csirkét, és törölje szárazra konyharuhával. Öntse ki a főzőlevet. A vajat serpenyőben nagy lángon felhevítjük, és oldalanként 1 percig sütjük a melleket. A melleket apró kockákra vágjuk.

Petrezselymes csirke curry szósszal

Előkészítés + főzési idő: 2 óra 35 perc | Adagok: 4

Hozzávalók

4 csont nélküli bőr nélküli csirkemell

Só és fekete bors ízlés szerint

1 evőkanál kakukkfű

1 evőkanál petrezselyem

5 csésze vajas curry szósz

Útvonalak

Készítsen vízfürdőt, és helyezze bele a Sous Vide-t. 141 F-ra állítva.

Ízesítsük a csirkét sóval, kakukkfűvel, petrezselyemmel és borssal. Két vákuummal zárható zacskóba tesszük a szósszal. Vízkiszorításos módszerrel engedje ki a levegőt, zárja le és merítse a zacskókat a vízfürdőbe. 1 óra 30 percig főzzük.

Ha az időzítő leállt, vegye ki a csirkét, és törölje szárazra konyharuhával. Tartsa le a főzőlevet. Melegíts fel egy serpenyőt nagy lángon, és öntsd bele a levét. 10 percig főzzük, amíg csökken. A csirkemellet kockára vágjuk, és a szószhoz adjuk. 2-3 percig főzzük. Azonnal tálaljuk.

Parmezános kérges csirkemell

Előkészítés + főzési idő: 65 perc | Adagok: 4

Hozzávalók:

2 csirkemell, bőr és csont nélkül

1 ½ csésze bazsalikom pesto

½ csésze őrölt makadámdió

¼ csésze parmezán sajt, reszelve

3 evőkanál olívaolaj

Útvonal:

Készíts vízfürdőt, helyezd bele a Sous Vide-t, és állítsd 65 F-ra. Vágd falatnyi darabokra a csirkét, és vond be pestóval. Helyezze a csirkét laposan két külön vákuumzacskóba anélkül, hogy átfedné őket.

Engedje ki a levegőt vízkiszorításos módszerrel, és zárja le a zsákokat. Merítse őket vízfürdőbe, és állítsa az időzítőt 50 percre. Ha az időzítő leállt, távolítsa el és zárja ki a zacskókat.

Tegye a csirkedarabokat egy tányérra a lé nélkül. Szórjuk rá a makadámdiót és a sajtot, és kenjük be jól. Tegyünk egy serpenyőt magas lángra, öntsük bele az olívaolajat. Ha az olaj felforrósodott, gyorsan süssük körbe a bevont csirkét 1 percig. Lecsepegtetjük a zsírt. Előételként tálaljuk.

Darált csirke paradicsommal

Előkészítés + főzési idő: 100 perc | Adagok: 4

Hozzávalók:

1 kiló darált csirke

2 evőkanál paradicsompüré

¼ csésze csirke alaplé

¼ csésze paradicsomlé

1 evőkanál fehér cukor

1 teáskanál kakukkfű

1 evőkanál hagymapor

½ teáskanál oregánó

Útvonal:

Készítsen vízfürdőt, és helyezze bele a Sous Vide-t. Állítsa 147 F-ra.

A csirke kivételével az összes hozzávalót egy serpenyőben összekeverjük. Közepes lángon 2 percig főzzük. Tegye át egy vákuummal zárható zacskóba. Vízkiszorításos módszerrel engedje ki a levegőt, zárja le és merítse a zsákot a fürdőbe. 80 percig főzzük. Ha kész, vegyük ki a zacskót és szeleteljük fel. Melegen tálaljuk.

Csirkepörkölt gombával

Előkészítés + főzési idő: 1 óra 5 perc | Adagok: 2

Hozzávalók:

2 közepes méretű csirkecomb, bőr nélkül

½ csésze tűzön sült paradicsom, felkockázva

½ csésze csirke alaplé

1 evőkanál paradicsompüré

½ csésze gomba apróra vágva

1 közepes méretű zellerszár

1 kis sárgarépa, apróra vágva

1 kisebb hagyma, apróra vágva

1 evőkanál friss bazsalikom, apróra vágva

1 gerezd fokhagyma, összetörve

Só és fekete bors ízlés szerint

Útvonal:

Készítsen vízfürdőt, helyezze bele a Sous Vide-t, és állítsa 129 F-ra. Dörzsölje be a combokat sóval és borssal. Félretesz, mellőz. Vágja fel a zellerszárat fél hüvelyk hosszú darabokra.

Most helyezze a húst egy nagy vákuumzárható zacskóba hagymával, sárgarépával, gombával, zellerszárral és tűzön sült paradicsommal együtt. Merítse a lezárt zacskót vízfürdőbe, és állítsa az időzítőt 45 percre.

Ha az időzítő leállt, vegye ki a zacskót a vízfürdőből, és nyissa ki. A húsnak könnyen le kell esnie a csontról, ezért távolítsa el a csontokat.

Melegíts fel egy kis olajat egy közepes méretű serpenyőben, és add hozzá a fokhagymát. Rövid ideig kb. 3 percig pirítjuk, folyamatos keverés mellett. Hozzáadjuk a zacskó tartalmát, a csirkehúslevet és a paradicsompürét. Forraljuk fel, és mérsékeljük a hőt közepesre. Főzzük még 5 percig, időnként megkeverve. Bazsalikommal megszórva tálaljuk.

A legegyszerűbb No-Sear csirkemell

Előkészítés + főzési idő: 75 perc | Adagok: 3

Hozzávalók:

1 kg csirkemell, csont nélkül

Só és fekete bors ízlés szerint

1 tk fokhagyma por

Útvonal:

Készítsen vízfürdőt, helyezze bele a Sous Vide-t, és állítsa 150 F-ra. Szárítsa meg a csirkemelleket, és ízesítse sóval, fokhagymaporral és borssal. Tedd a csirkét egy vákuummal zárható zacskóba, engedd ki a levegőt vízkiszorításos módszerrel és zárd le.

Helyezze a vízbe, és állítsa be az időzítőt 1 órán át főzni. Ha az időzítő leállt, távolítsa el és zárja ki a zacskót. Vegye ki a csirkét, és hagyja hűlni későbbi felhasználáshoz.

Narancssárga csirkecomb

Előkészítés + főzési idő: 2 óra | Adagok: 4

Hozzávalók:

2 kiló csirkecomb

2 kis chili paprika, apróra vágva

1 csésze csirkehúsleves

1 hagyma, apróra vágva

½ csésze frissen facsart narancslé

1 teáskanál narancs kivonat, folyékony

2 evőkanál növényi olaj

1 teáskanál barbecue fűszerkeverék

Friss petrezselyem a díszítéshez

Útvonal:

Készítsen vízfürdőt, helyezze bele a Sous Vide-t, és állítsa 167 F-ra.

Egy nagy serpenyőben felforrósítjuk az olívaolajat. Adjuk hozzá az apróra vágott hagymát, és kevergetve 3 percig pirítsuk közepes hőmérsékleten, amíg áttetsző nem lesz.

Egy robotgépben keverje össze a narancslevet chili borssal és narancskivonattal. Pulzáljon, amíg jól össze nem áll. Öntse a keveréket egy serpenyőbe, és csökkentse a hőt. 10 percig pároljuk.

A csirkemellet barbecue fűszerkeverékkel bevonjuk, és egy serpenyőbe tesszük. Hozzáadjuk a csirkehúslevest, és addig főzzük, amíg a folyadék fele elpárolog. Tegye egy nagy, vákuummal zárható zacskóba, és zárja le. Merítse a zacskót vízfürdőbe, és főzze 45 percig. Ha az időzítő leállt, vegye ki a zacskót a vízfürdőből, és nyissa ki. Díszítsük friss petrezselyemmel és tálaljuk.

Kakukkfű csirke citrommal

Előkészítés + főzési idő: 2 óra 15 perc | Adagok: 3

Hozzávalók:

3 csirkecomb

Só és fekete bors ízlés szerint

3 szelet citrom

3 ág kakukkfű

3 evőkanál olívaolaj a pirításhoz

Útvonal:

Készítsen vízfürdőt, helyezze bele a Sous Vide-t, és állítsa 165 F-ra. Fűszerezze a csirkét sóval és borssal. A tetejére citromszeleteket és kakukkfű ágakat teszünk. Helyezze őket egy vákuummal zárható zacskóba, engedje ki a levegőt vízkiszorításos módszerrel, és zárja le a zsákot. Merítse a vízzsákba, és állítsa az időzítőt 2 órára.

Ha az időzítő leállt, távolítsa el és zárja ki a zacskót. Öntöttvas serpenyőben nagy lángon felhevítjük az olívaolajat. Tegye a csirkecombokat bőrrel lefelé a serpenyőbe, és süsse aranybarnára. Díszítsük extra citromkarikákkal. Tálaljuk körettel cauli rizzsel.

Paprika csirke saláta

Előkészítés + főzési idő: 1 óra 15 perc | Adagok: 4

Hozzávalók:

4 csirkemell csont nélkül és bőr nélkül

¼ csésze növényi olaj plusz három evőkanál salátához

1 közepes méretű hagyma, meghámozva és apróra vágva

6 koktélparadicsom félbevágva

Só és fekete bors ízlés szerint

1 csésze saláta, finomra vágva

2 evőkanál frissen facsart citromlé

Útvonal:

Készítsen vízfürdőt, helyezze bele a Sous Vide-t, és állítsa 149 F-ra.

A húst alaposan öblítse le hideg víz alatt, és konyhai papírtörlővel törölje szárazra. Vágja a húst falatnyi darabokra, és tegye egy vákuummal zárható zacskóba ¼ csésze olajjal együtt, és zárja le. Merítse a zacskót vízfürdőbe. Ha az időzítő leállt, vegye ki a csirkét a zacskóból, szárítsa meg és hűtse le szobahőmérsékletre.

Egy nagy tálban keverjük össze a hagymát, a paradicsomot és a salátát. Végül hozzáadjuk a csirkemelleket, és három evőkanál olajjal, citromlével és ízlés szerint sóval ízesítjük. A tetejére görög joghurtot és olajbogyót teszünk. Ez azonban nem kötelező. Hidegen tálaljuk.

Egész csirke

Előkészítés + főzési idő: 7 óra 15 perc | Adagok: 6

Hozzávalók:

1 (5 font) teljes csirke, rácsos

5 csésze csirke alaplé

3 csésze vegyes kaliforniai paprika kockára vágva

3 csésze zeller, kockára vágva

3 csésze póréhagyma, kockára vágva

1 ¼ teáskanál só

1 ¼ tk fekete bors

2 babérlevél

Útvonal:

Készítsen vízfürdőt, helyezze bele a Sous Vide-t, és állítsa 150 F-ra. Fűszerezze a csirkét sóval.

Helyezze az összes felsorolt hozzávalót és a csirkét egy méretes, vákuummal zárható zacskóba. Engedje ki a levegőt vízkiszorításos módszerrel, és zárja le a vákuumzsákot. Engedje vízfürdőbe, és állítsa az időzítőt 7 órára.

Fedje le a vizet műanyag zacskóval, hogy csökkentse a párolgást, és öntse 2 óránként a fürdőbe. Ha az időzítő leállt, távolítsa el és zárja ki a zacskót. Melegítsen elő egy brojlert, óvatosan távolítsa el a csirkét, és szárítsa meg. Helyezze a csirkét a broilerbe, és addig süsse, amíg a bőre aranybarna nem lesz. A csirkét 8 percig pihentetjük, szeleteljük és tálaljuk.

Egyszerű fűszeres csirkecomb

Előkészítés + főzési idő: 2 óra 55 perc | Adagok: 6

Hozzávalók:

1 kg csirkecomb, kicsontozva

3 evőkanál vaj

1 evőkanál cayenne bors

Só ízlés szerint

Útvonal:

Készítsen vízfürdőt, helyezze bele a Sous Vide-t, és állítsa 165 F-ra. Fűszerezze a csirkét borssal és sóval. Helyezze a csirkét egy evőkanál vajjal egy vákuummal zárható zacskóba. Engedje ki a levegőt vízkiszorításos módszerrel, zárja le és merítse a zsákot a vízfürdőbe. Állítsa az időzítőt 2 óra 30 percre.

Ha az időzítő leállt, vegye ki a zacskót, és nyissa ki. Melegítsen elő egy grillsütőt, és olvassa fel a maradék vajat mikrohullámú sütőben. Kenje meg a grillrácsot a vaj egy részével, majd kenje meg a csirkét a maradék vajjal. Addig pirítjuk, amíg sötétbarna színt nem kapunk. Uzsonnaként tálaljuk.

Bivaly csirkeszárnyak

Előkészítés + főzési idő: 1 óra 20 perc | Adagok: 6

Hozzávalók:

3 lb csirkeszárny

3 teáskanál só

2 tk őrölt fokhagyma

2 evőkanál füstölt paprika

1 tk cukor

½ csésze forró szósz

5 evőkanál vaj

2 és fél csésze mandulaliszt

Olívaolaj a sütéshez

Útvonal:

Készítsen vízfürdőt, helyezze bele a Sous Vide-t, és állítsa 144 F-ra.

Keverjük össze a szárnyakat, a fokhagymát, a sót, a cukrot és a füstölt paprikát. Egyenletesen bevonjuk a csirkét. Helyezze egy jókora, vákuummal zárható zacskóba, engedje ki a levegőt vízkiszorításos módszerrel, és zárja le a zsákot.

Merüljön el a vízben. Állítsa be az időzítőt 1 órás sütésre. Ha az időzítő leállt, távolítsa el és zárja ki a zacskót. A lisztet egy nagy tálba öntjük, beletesszük a csirkemellet, és bevonjuk.

Egy serpenyőben közepes lángon olajat hevítünk, a csirkemellet aranybarnára sütjük. Vegye ki és tegye félre. Egy másik serpenyőben felolvasztjuk a vajat, és hozzáadjuk a forró mártást. Kenjük be a szárnyakat vajjal és forró mártással. Előételként tálaljuk

Aprított csirke pogácsák

Előkészítés + főzési idő: 3 óra 15 perc | Adagok: 5

Hozzávalók:

½ lb csirkemell, bőr és csont nélkül

½ csésze őrölt makadámdió

⅓ csésze olívaolajos majonéz

3 zöldhagyma, apróra vágva

2 evőkanál citromlé

Só és fekete bors ízlés szerint

3 evőkanál olívaolaj

Útvonal:

Készítsen vízfürdőt, helyezze bele a Sous Vide-t, és állítsa 165 F-ra. Tegye a csirkét egy vákuummal zárható zacskóba, engedje ki a levegőt vízkiszorításos módszerrel, és zárja le. Helyezze a zacskót vízfürdőbe, és állítsa be az időzítőt 3 órára. Ha az időzítő leállt, távolítsa el és zárja ki a zacskót.

A csirkét felaprítjuk, és az olívaolaj kivételével a többi hozzávalóval együtt egy tálba tesszük. Egyenletesre keverjük és pogácsákat készítünk belőle. Melegítsünk olívaolajat egy serpenyőben közepes lángon. Hozzáadjuk a pogácsákat, és mindkét oldalukat aranybarnára sütjük.

Csirkecomb sárgarépapürével

Előkészítés + főzési idő: 60 perc | Adagok: 5

Hozzávalók:

2 kiló csirkecomb

1 csésze sárgarépa, vékonyra szeletelve

2 evőkanál olívaolaj

¼ csésze finomra vágott hagyma

2 csésze csirkehúsleves

2 evőkanál friss petrezselyem, finomra vágva

2 gerezd zúzott fokhagyma

Só és fekete bors ízlés szerint

Útvonal:

Készítsen vízfürdőt, helyezze bele a Sous Vide-t, és állítsa 167 F-ra. Mossa meg a csirkecombokat hideg folyó víz alatt, és szárítsa meg konyhai papírral. Félretesz, mellőz.

Egy tálban keverjünk össze 1 evőkanál olívaolajat, petrezselymet, sót és borsot. Jól keverjük össze, és bőségesen kenjük be a combokat a keverékkel. Tegyük egy nagy vákuumzárható zacskóba, és öntsük hozzá a csirkehúslevest. Nyomja meg a zacskót a levegő eltávolításához. Zárja le a zacskót, tegye vízfürdőbe, és állítsa be az időzítőt 45 percre. Ha az időzítő leállt, vegye ki a combokat a zsákból, és törölje szárazra. Tartsa le a főzőfolyadékot.

Közben elkészítjük a sárgarépát. Turmixgépbe tesszük és pürésítésig dolgozzuk. Félretesz, mellőz.

Melegítsük fel a maradék olívaolajat egy nagy serpenyőben, közepes lángon. Adjuk hozzá a fokhagymát és a hagymát, és kevergetve pirítsuk körülbelül 1-2 percig, vagy amíg puha nem lesz. Hozzáadjuk a csirkecombokat, és időnként megforgatva 2-3 percig főzzük. Kóstoljuk meg, hogy kész-e, adjuk hozzá a fűszereket, majd adjuk hozzá a húslevest. Forraljuk fel és vegyük le a tűzről. A combokat tányérra tesszük, és sárgarépapürével meghintjük, petrezselyemmel megszórjuk.

Citromos csirke mentával

Előkészítés + főzési idő: 2 óra 40 perc | Adagok: 3

Hozzávalók:

1 kiló csirkecomb, csont nélkül és bőr nélkül

¼ csésze olaj

1 evőkanál frissen facsart citromlé

2 gerezd fokhagyma, összetörve

1 tk gyömbér

½ teáskanál cayenne bors

1 tk friss menta, finomra vágva

½ teáskanál só

Útvonal:

Egy kis tálban keverje össze az olívaolajat citromlével, fokhagymával, őrölt gyömbérrel, mentával, cayenne borssal és sóval. Bőségesen kenjük meg minden combunkat ezzel a keverékkel, és tegyük hűtőbe legalább 30 percre.

Vegye ki a combokat a hűtőszekrényből. Tegye egy nagy, vákuummal zárható zacskóba, és süsse 2 órán át 149 F-on. Vegye ki a vákuummal zárható zacskóból, és azonnal újhagymával tálalja.

Csirke cseresznye lekvárral

Előkészítés + főzési idő: 4 óra 25 perc | Adagok: 4

Hozzávalók

2 kiló csontos bőrös csirke

4 evőkanál cseresznye lekvár

2 evőkanál őrölt szerecsendió

Só és fekete bors ízlés szerint

Útvonalak

Készítsen vízfürdőt, és helyezze bele a Sous Vide-t. Állítsa 172 F-ra. Fűszerezze a csirkét sóval és borssal, és keverje össze a többi hozzávalóval. Tegye egy vákuummal zárható zacskóba. Engedje ki a levegőt vízkiszorításos módszerrel, zárja le és merítse a zsákot a vízfürdőbe. 4 órán át főzzük.

Ha az időzítő leállt, vegye ki a zacskót, és helyezze át egy tepsibe. Melegítsük elő a sütőt 450 F-ra, és süssük 10 percig, amíg ropogós nem lesz. Tegyük tányérra és tálaljuk.

Édes fűszeres csirkecomb

Előkészítés + főzési idő: 2 óra 20 perc | Adagok: 3

Hozzávalók:

½ evőkanál cukor

½ csésze szójaszósz

2 ½ teáskanál gyömbér, apróra vágva

2 ½ teáskanál fokhagyma, apróra vágva

2 ½ teáskanál piros chili püré

¼ lb kis csirkecomb, bőr nélkül

2 evőkanál olívaolaj

2 evőkanál szezámmag a díszítéshez

1 medvehagyma, felaprítva a díszítéshez

Só és fekete bors ízlés szerint

Útvonal:

Készítsen vízfürdőt, helyezze bele a Sous Vide-t, és állítsa 165 F-ra. Dörzsölje be a csirkét sóval és borssal. Tegye a csirkét egy vákuumzárható zacskóba, engedje ki a levegőt vízkiszorításos módszerrel és zárja le.

Helyezze a zacskót vízfürdőbe, és állítsa be az időzítőt 2 órára. Ha az időzítő leállt, távolítsa el és zárja ki a zacskót. Egy tálban keverjük össze a többi felsorolt hozzávalót, kivéve az olívaolajat. Félretesz, mellőz. Egy serpenyőben közepes lángon olajat hevítünk, hozzáadjuk a csirkemellet.

Miután mindkét oldaluk kissé megbarnult, hozzáadjuk a szószt, és bevonjuk a csirkét. 10 percig főzzük. Szezámmal és mogyoróhagymával díszítjük. Karfiol rizs oldalával tálaljuk.

Töltött csirkemell

Előkészítés + főzési idő: 1 óra 15 perc | Adagok: 5

Hozzávalók:

2 kiló csirkemell, bőr és csont nélkül

2 evőkanál friss petrezselyem, finomra vágva

2 evőkanál friss bazsalikom, apróra vágva

1 nagy tojás

½ csésze újhagyma, apróra vágva

Só és fekete bors ízlés szerint

2 evőkanál olívaolaj

Útvonal:

Készítsünk vízfürdőt, helyezzünk bele Sous Vide-t, és állítsuk 165 F-ra. A csirkemelleket alaposan mossuk meg, és konyhai papírtörlővel töröljük szárazra. Sózzuk és borsozzuk, majd tegyük félre.

Egy tálban keverjük össze a tojást, a petrezselymet, a bazsalikomot és az újhagymát. Addig keverjük, amíg jól beépül. Helyezze a csirkemelleket tiszta felületre, és a közepére kanalazzuk a tojásos keveréket. Hajtsa rá a melleket, hogy lezárja. Helyezze a melleket külön vákuummal zárható zacskóba, és nyomja meg, hogy eltávolítsa a levegőt. Zárja le a fedelet, és helyezze az előkészített vízfürdőbe. Főzzük en sous vide 1 órán keresztül. Ha az időzítő leállt, távolítsa el a csirkemelleket. Egy serpenyőben közepes lángon hevíts olajat. Hozzáadjuk a csirkemelleket, és oldalanként 2 percig pirítjuk.

Zesty Chicken

Előkészítés + főzési idő: 2 óra 40 perc | Adagok: 8

Hozzávalók:

1 db ötkilós csirke egészben

3 evőkanál citromlé

½ csésze olívaolaj

6 babérlevél, szárítva

2 evőkanál rozmaring, összetörve

3 evőkanál kakukkfű, szárítva

2 evőkanál kókuszolaj

¼ csésze citromhéj

3 gerezd fokhagyma, felaprítva

Só és fekete bors ízlés szerint

Útvonal:

Készítsen vízfürdőt, helyezze bele a Sous Vide-t, és állítsa 149 F-ra. Jól öblítse le a csirkét hideg folyó víz alatt, és törölje szárazra egy konyharuhával. Félretesz, mellőz.

Egy kis tálban keverje össze az olívaolajat sóval, citromlével, szárított babérlevéllel, rozmaringgal és kakukkfűvel. Töltsük meg a csirke üregét citromszeletekkel és ezzel a keverékkel.

Egy másik tálban keverjük össze a kókuszolajat citromhéjjal és fokhagymával. Lazítsa le a csirke bőrét a húsáról. Dörzsölje be ezt a keveréket a bőr alá, és helyezze egy nagy műanyag zacskóba. 30 percre hűtőbe tesszük. Vegyük ki a hűtőszekrényből, és tegyük egy nagy, vákuummal zárható zacskóba. Helyezze a zacskót vízfürdőbe, és állítsa be az időzítőt 2 órára.

Mediterrán csirkecomb

Előkészítés + főzési idő: 1 óra 40 perc | Adagok: 3

Hozzávalók:

1 kiló csirkecomb

1 csésze olívaolaj

½ csésze frissen facsart limelé

½ csésze petrezselyemlevél, apróra vágva

3 gerezd fokhagyma, összetörve

1 evőkanál cayenne bors

1 tk szárított oregánó

1 teáskanál tengeri só

Útvonal:

Öblítse le a húst folyó hideg víz alatt, és egy nagy szűrőedényben szűrje le. Egy tálban keverjük össze az olívaolajat lime levével, apróra vágott petrezselyemmel, zúzott fokhagymával, cayenne borssal, oregánóval és sóval. Merítse a filéket ebbe a keverékbe, és fedje le. 30 percre hűtőbe tesszük.

A húst kivesszük a hűtőből és lecsepegtetjük. Tedd egy nagy, vákuummal lezárható edénybe, és főzd a Sous Vide-t egy órán át 167 F-on.

Csirkemell harissa szósszal

Előkészítés + főzési idő: 65 perc | Adagok: 4

Hozzávalók

1 kiló csirkemell, kockára vágva

1 szál friss citromfű apróra vágva

2 evőkanál halszósz

2 evőkanál kókuszcukor

Só ízlés szerint

1 evőkanál harissa szósz

Útvonalak

Készítsen vízfürdőt, és helyezze bele a Sous Vide-t. Állítsa 149 F-ra. Turmixgépben keverje össze a citromfüvet, a halszószt, a cukrot és a sót. Pácold be a csirkét a szósszal és készíts belőle brochettet. Helyezze egy vákuummal zárható zacskóba. Engedje ki a levegőt vízkiszorításos módszerrel, zárja le és merítse a zsákot a vízfürdőbe. 45 percig főzzük.

Ha az időzítő leállt, vegye ki a zacskót, és helyezze át hideg vízfürdőbe. Vegyük ki a csirkét, és keverjük össze a harissa szósszal. Melegíts fel egy serpenyőt közepes lángon, és pirítsd meg a csirkét. Szolgál.

Fokhagymás csirke gombával

Előkészítés + főzési idő: 2 óra 15 perc | Adagok: 6

Hozzávalók:

2 kiló csirkecomb, bőr nélkül

1 kiló cremini gomba, szeletelve

1 csésze csirke alaplé

1 gerezd fokhagyma, összetörve

4 evőkanál olívaolaj

½ teáskanál hagymapor

½ teáskanál zsályalevél, szárítva

¼ teáskanál cayenne bors

Só és fekete bors ízlés szerint

Útvonal:

A combokat alaposan megmossuk folyó hideg víz alatt. Konyhai papírral töröljük szárazra, és tegyük félre. Egy nagy serpenyőben közepes lángon felforrósítjuk az olívaolajat. 2 percig sütjük a csirkecombok mindkét oldalát. Vegyük ki a serpenyőből és tegyük félre.

Most adjunk hozzá fokhagymát és pirítsuk enyhén barnára. Belekeverjük a gombát, felöntjük alaplével, és forrásig főzzük. Kivesszük a serpenyőből és félretesszük. Ízesítsük a combokat sóval, borssal, cayenne borssal és hagymaporral. Tedd egy nagy vákuumzárható zacskóba a gombával és a zsályával együtt. Zárja le a zacskót, és főzze a Sous Vide-t 2 órán át 149 F-on.

Csirkecomb gyógynövényekkel

Előkészítés + főzési idő: 4 óra 10 perc | Adagok: 4

Hozzávalók:

1 kiló csirkecomb

1 csésze extra szűz olívaolaj

¼ csésze almaecet

3 gerezd fokhagyma, összetörve

½ csésze frissen facsart citromlé

1 evőkanál friss bazsalikom, apróra vágva

2 evőkanál friss kakukkfű apróra vágva

1 evőkanál friss rozmaring, apróra vágva

1 tk cayenne bors

1 teáskanál só

Útvonal:

Öblítse le a húst folyó hideg víz alatt, és tegye egy nagy szűrőedénybe, hogy lecsepegjen. Félretesz, mellőz.

Egy nagy tálban keverje össze az olívaolajat almaecettel, fokhagymával, citromlével, bazsalikommal, kakukkfűvel, rozmaringgal, sóval és cayenne borssal. Merítse a combokat ebbe a keverékbe, és tegye hűtőszekrénybe egy órára. A húst kivesszük a pácból és lecsepegtetjük. Tegye egy nagy, vákuummal zárható zacskóba, és főzze a Sous Vide-t 3 órán keresztül 149 F-on.

Csirkepuding articsóka szívvel

Előkészítés + főzési idő: 1 óra 30 perc | Adagok: 3

Hozzávalók:

1 kiló csirkemell, csont nélkül és bőr nélkül

2 közepes méretű articsóka

2 evőkanál vaj

2 evőkanál extra szűz olívaolaj

1 citrom levében

Egy marék friss petrezselyemlevél, apróra vágva

Só és fekete bors ízlés szerint

½ teáskanál chili paprika

Útvonal:

A húst alaposan öblítse le, és konyhai papírtörlővel törölje szárazra. A hús éles vágókéssel kisebb darabokra vágjuk, és a csontokat eltávolítjuk. Kenjük meg olívaolajjal és tegyük félre.

Melegítsük fel a serpenyőt közepes lángon. Enyhén mérsékeljük a hőt közepesre, és hozzáadjuk a húst. 3 percig sütjük mindkét oldalukon aranybarnára. Vegyük le a tűzről, és tegyük át egy nagy, vákuummal zárható zacskóba. Zárja le a zacskót, és főzze a Sous Vide-t egy órán át 149 F-on.

Közben elkészítjük az articsókát. Vágja félbe a citromot, és facsarja ki a levét egy kis tálban. A levet kettéosztjuk és félretesszük. Éles vágókéssel vágja le a külső leveleket, amíg el nem éri a sárga és puha leveleket. Vágja le a zöld külső héjat az articsóka alapja körül, és párolja meg. Ügyeljen arra, hogy távolítsa el a „szőrszálakat" az articsóka szíve körül. Ehetetlenek, ezért egyszerűen dobd ki.

Az articsókát fél centis kockákra vágjuk. Dörzsöld be fél citrom levével, és tedd egy vastag aljú edénybe. Felöntjük annyi vízzel, hogy ellepje, és teljesen villára főzzük. Levesszük a tűzről és lecsepegtetjük. Hűtsük le egy ideig szobahőmérsékleten. Mindegyik darabot vékony csíkokra vágjuk.

Most keverje össze az articsókát csirkehússal egy nagy tálban. Sózzuk, borsozzuk, és a maradék citromlevet elkeverjük. A vajat közepes lángon felolvasztjuk, és a pudingra csurgatjuk. Megszórjuk chili paprikával és tálaljuk.

Mandulás vajas tök és csirke saláta

Előkészítés + főzési idő: 1 óra 15 perc | Adagok: 2

Hozzávalók

6 db csirke szűzpecsenye

4 csésze vajtök, felkockázva és megpirítva

4 csésze rakéta paradicsom

4 evőkanál szeletelt mandula

1 citrom leve

2 evőkanál olívaolaj

4 evőkanál vöröshagyma, apróra vágva

1 evőkanál paprika

1 evőkanál kurkuma

1 evőkanál kömény

Só ízlés szerint

Útvonalak

Készítsen vízfürdőt, és helyezze bele a Sous Vide-t. 138 F-ra állítva.

Tegye a csirkét és az összes fűszert egy vákuummal zárható zacskóba. Jól rázza fel. Engedje ki a levegőt vízkiszorításos módszerrel, zárja le és merítse a zsákot a vízfürdőbe. 60 percig főzzük.

Ha az időzítő leállt, vegye ki a zacskót, és tegye át egy felforrósított serpenyőbe. Mindkét oldalát 1 percig sütjük. Egy tálban keverjük össze a többi hozzávalót. A tetejére csirkével tálaljuk.

Csirke és dió saláta

Előkészítés + főzési idő: 2 óra 20 perc | Adagok: 4

Hozzávalók

2 bőr nélküli csirkemell, csont nélkül

Só és fekete bors ízlés szerint

1 evőkanál kukoricaolaj

1 alma kimagozva és felkockázva

1 tk lime lé

½ csésze fehér szőlő, félbevágva

1 rúd bordás zeller, felkockázva

1/3 csésze majonéz

2 tk Chardonnay bor

1 tk dijoni mustár

1 fej római saláta

½ csésze dió, pirítva és apróra vágva

Útvonalak

Készítsen vízfürdőt, és helyezze bele a Sous Vide-t. 146 F-ra állítva.

A csirkét vákuummal zárható zacskóba tesszük, sóval, borssal ízesítjük. Engedje ki a levegőt vízkiszorításos módszerrel, zárja le és merítse a zsákot a vízfürdőbe. 2 órán át főzzük.

Ha az időzítő leállt, vegye ki a zacskót, és dobja ki a főzőlevet. Egy nagy tálban dobd meg az almaszeleteket lime levével. Adjuk hozzá a zellert és a fehér szőlőt. Jól összekeverni.

Egy másik tálban keverjük össze a majonézt, a dijoni mustárt és a Chardonnay bort. Öntsük a keveréket a gyümölcsökre, és jól keverjük össze. A csirkemellet feldaraboljuk, egy közepes tálba tesszük, sózzuk, és jól összedolgozzuk. Tedd a csirkét a salátástálba. Helyezze el a római salátát salátástálakba, és tegye a salátát a tetejére. Díszítsük dióval.

Bors borjúszelet fenyőgombával

Előkészítés + főzési idő: 3 óra 15 perc | Adagok: 5

Hozzávalók:

1 kiló borjúszelet

1 kiló fenyőgomba, szeletelve

½ csésze frissen facsart citromlé

1 evőkanál babérlevél, összetörve

5 szem bors

3 evőkanál növényi olaj

2 evőkanál extra szűz olívaolaj

Só és fekete bors ízlés szerint

Útvonal:

Készítsen vízfürdőt, helyezze bele a Sous Vide-t, és állítsa 154 F-ra.

A szeleteket sóval, borssal ízesítjük. Tegye egy vákuummal zárható zacskóba egy rétegben citromlével, babérlevéllel, borssal és olívaolajjal együtt. Zárd le a zacskót.

Merítse a zacskót vízfürdőbe, és főzze 3 órán át. Vegye ki a vízfürdőből és tegye félre. Melegítsük fel a növényi olajat egy nagy serpenyőben.

Adjuk hozzá a fenyőgombát, és kevergetve pirítsuk egy csipet sóval közepes lángon, amíg az összes folyadék el nem párolog. Adjuk hozzá a borjúszeleteket a páclével együtt, és főzzük tovább 3 percig. Azonnal tálaljuk.

Borjúszelet

Előkészítés + főzési idő: 2 óra 40 perc | Adagok: 4

Hozzávalók:

2 (16 uncia) borjú steak

Só és fekete bors ízlés szerint

2 evőkanál olívaolaj

Útvonal:

Készítsen vízfürdőt, helyezze bele a Sous Vide-t, és állítsa 140 F-ra. Dörzsölje be a borjúhúst borssal és sóval, és helyezze egy vákuummal zárható zacskóba. Engedje ki a levegőt vízkiszorításos módszerrel, és zárja le a zsákot. Merítse a vízfürdőbe. Állítsa az időzítőt 2 óra 30 percre. Szakács.

Ha az időzítő leállt, távolítsa el és zárja ki a zacskót. Vegyük ki a borjúhúst, töröljük szárazra papírtörlővel, majd kenjük be olívaolajjal. Melegítsen elő egy öntöttvasat nagy lángon 5 percig. Helyezze be a steaket, és süsse meg mindkét oldalát, hogy mélyen barnuljon. Tálalódeszkára szedjük. Salátával tálaljuk.

Zamatos borjúhús portói borral

Előkészítés + főzési idő: 2 óra 5 perc | Adagok: 6

Hozzávalók

3 evőkanál vaj

¾ csésze zöldségleves

½ csésze portói bor

¼ csésze szeletelt shiitake gomba

3 evőkanál olívaolaj

4 gerezd fokhagyma, felaprítva

1 póréhagyma, csak fehér része, apróra vágva

Só és fekete bors ízlés szerint

8 borjúszelet

1 szál friss rozmaring

Útvonalak

Készítsen vízfürdőt, és helyezze bele a Sous Vide-t. Állítsa 141 F-ra. Keverje össze a húslevest, a portói bort, a gombát, a vajat, az olívaolajat, a fokhagymát, a póréhagymát, a sót és a borsot. Tegye a borjúhúst egy nagy, vákuummal zárható zacskóba. Adjuk hozzá a rozmaringot és a keveréket. Engedje ki a levegőt vízkiszorításos módszerrel, zárja le és merítse a zsákot a vízfürdőbe. 1 óra 45 percig főzzük.

Ha kész, távolítsa el a borjúhúst, és szárítsa meg. Dobja ki a rozmaringot, és öntse át a főzőlevet egy serpenyőbe. 5 percig főzzük. Adjuk hozzá a borjúhúst és főzzük 1 percig. A tetejét szósszal tálaljuk.

Portobello borjúhús

Előkészítés + főzési idő: 2 óra 10 perc | Adagok: 4

Hozzávalók:

2 kiló borjúszelet

1 csésze marhahúsleves

4 portobello gomba, szeletelve

1 tk fokhagyma por

1 evőkanál oregánó, szárítva

3 evőkanál balzsamecet

2 evőkanál olívaolaj

Só és fekete bors ízlés szerint

Útvonal:

Készítsen vízfürdőt, helyezze bele a Sous Vide-t, és állítsa 140 F-ra.

Egy tálban keverjük össze a marhahúslevet gombával, fokhagymaporral, oregánóval, balzsamecettel, olívaolajjal és sóval. Minden szeletet alaposan dörzsöljön be ezzel a keverékkel, és helyezze egy nagy, vákuummal zárható zacskóba egy rétegben. Adjuk hozzá a maradék pácot és zárjuk le. Merítsük vízfürdőbe és főzzük 2 órán át.

Ha az időzítő leállt, vegye ki a szeleteket a zacskóból, és törölje szárazra. Pároljuk a főzőlevet egy serpenyőben körülbelül 4 percig. Hozzáadjuk a szeleteket, és 1 percig főzzük. Transzfer tányérokra. A szószt rákanalazzuk a borjúra, és tálaljuk.

Borjúhúsmártás

Előkészítés + főzési idő: 1 óra 40 perc | Adagok: 3

Hozzávalók:

½ lb borjúszelet

Só és fekete bors ízlés szerint

1 csésze gomba, vékonyra szeletelve

⅓ csésze nehéz tejszín

2 medvehagyma, vékonyra szeletelve

1 evőkanál sótlan vaj

1 szál kakukkfű levél

1 evőkanál apróra vágott metélőhagyma a díszítéshez

Útvonal:

Készítsen vízfürdőt, és helyezze bele a Sous Vide-t. Állítsa 129 F-ra. Dörzsölje be a szeleteket fokhagymával és sóval, és tegye a borjúhúst az összes többi felsorolt hozzávalóval, kivéve a metélőhagymát egy vákuumzárható zacskóba.

Engedje ki a levegőt vízkiszorításos módszerrel és zárja le. Merítse a vízfürdőbe. Állítsa az időzítőt 1 óra 30 percre, és főzzük.

Ha elkészült, vegye ki a zacskót, és vegye ki a borjúhúst egy tányérra. Öntse a szószt egy serpenyőbe, dobja ki a kakukkfüvet, és párolja 5 percig. Adjuk hozzá a borjúhúst és főzzük 3 percig. Díszítsük metélőhagymával. Szolgál.

Dijoni borjúmáj

Előkészítés + főzési idő: 85 perc | Adagok: 5

Hozzávalók:

2 kiló borjúmáj, szeletelve

2 evőkanál dijoni mustár

3 evőkanál olívaolaj

1 evőkanál koriander, apróra vágva

1 tk friss rozmaring, apróra vágva

1 gerezd fokhagyma, összetörve

½ teáskanál kakukkfű

Útvonal:

Készítsen vízfürdőt, helyezze bele a Sous Vide-t, és állítsa 129 F-ra. Alaposan öblítse le a májat hideg folyó víz alatt. Ügyeljen arra, hogy minden vérnyomot kimosson. Konyhai papírral töröljük szárazra. Éles vágókéssel távolítsa el az összes eret, ha van ilyen. Vágjuk keresztben vékony szeletekre.

Egy kis tálban keverje össze az olívaolajat, a fokhagymát, a koriandert, a kakukkfüvet és a rozmaringot. Addig keverjük, amíg jól beépül. Ezzel a keverékkel alaposan megkenjük a májszeleteket, és 30 percre hűtőbe tesszük.

Vegyük ki a hűtőszekrényből, és tegyük egy nagy, vákuummal zárható zacskóba. Merítse a lezárt zacskót vízfürdőbe, és állítsa be az időzítőt 40 percre. Ha kész, nyissa ki a zacskót. Egy nagy serpenyőt kenjünk ki olajjal, és tegyünk bele húsmájszeleteket. Röviden, mindkét oldalát 2 percig pirítjuk. Uborkával tálaljuk.

Afrikai stílusú bárányszelet sárgabarackkal

Előkészítés + főzési idő: 2 óra 15 perc | Adagok: 2

Hozzávalók

2 báránykaraj szelet

Só és fekete bors ízlés szerint

1 tk fűszerkeverék

4 sárgabarack

1 evőkanál méz

1 teáskanál olívaolaj

Útvonalak

Készítsen vízfürdőt, és helyezze bele a Sous Vide-t. 134 F-ra állítva.

Keverjük össze a bárányokat sóval és borssal. Kenjük meg a bárányszeleteket a fűszerkeverékkel, és tegyük egy vákuummal zárható zacskóba. Adjuk hozzá a sárgabarackot és a mézet. Engedje ki a levegőt vízkiszorításos módszerrel, zárja le és merítse a zsákot a vízfürdőbe. 2 órán át főzzük.

Ha az időzítő leállt, távolítsa el a szeleteket, és szárítsa meg. Tartsa le a sárgabarackot és a főzőfolyadékot. Melegíts fel egy serpenyőt közepes lángon, és süsd meg a bárányt oldalanként 30 másodpercig.

Tegyük egy tányérra, és hagyjuk hűlni 5 percig. Meglocsoljuk főzőfolyadékkal. Díszítsük sárgabarackkal.

Ment bárányszelet dióval

Előkészítés + főzési idő: 2 óra 35 perc | Adagok: 4

Hozzávalók

1 kiló bárányszelet

Só és fekete bors ízlés szerint

1 csésze friss mentalevél

½ csésze kesudió

½ csésze csomagolt friss petrezselyem

½ csésze mogyoróhagyma, szeletelve

3 evőkanál citromlé

2 gerezd fokhagyma, felaprítva

6 evőkanál olívaolaj

Útvonalak

Készítsen vízfürdőt, és helyezze bele a Sous Vide-t. Állítsa 125 F-ra. Fűszerezze a bárányhúst sóval és borssal, és tegye egy vákuumzárható zacskóba. Vízkiszorításos módszerrel engedje ki a levegőt, zárja le és merítse vízfürdőbe a zsákot. 2 órán át főzzük.

Egy robotgépben turmixold össze a mentát, a petrezselymet, a kesudiót, a mogyoróhagymát, a fokhagymát és a citromlevet. Öntsünk rá 4 evőkanál olívaolajat. Sózzuk, borsozzuk. Ha az időzítő leállt, vegye ki a bárányhúst, kenje meg 2 evőkanál olívaolajjal, és tegye át forró grillre. Oldalanként 1 percig sütjük. Dióval tálaljuk.

Mustáros és mézzel pácolt bárányrács

Előkészítés + főzési idő: 1 óra 10 perc | Adagok: 4

Hozzávalók

1 rács bárányhús, vágva

3 evőkanál méz

2 evőkanál dijoni mustár

1 tk sherry ecet

Só ízlés szerint

2 evőkanál avokádó olaj

Vágott vöröshagyma

Útvonalak

Készítsen vízfürdőt, és helyezze bele a Sous Vide-t. Állítsa 135 F-ra. Jól keverje össze az összes hozzávalót, kivéve a bárányt. Kenjük meg a bárányt a keverékkel, és tegyük vákuummal zárható zacskóba. Engedje ki a levegőt vízkiszorításos módszerrel, zárja le és merítse a zsákot a vízfürdőbe. 1 órán át főzzük.

Ha az időzítő leállt, vegyük ki a bárányt, és tegyük át egy tányérra. Tartsa le a főzőlevet. Melegítsük fel az olajat egy serpenyőben közepes lángon, és süssük meg a bárányt oldalanként 2 percig. Felaprítjuk és meglocsoljuk a főzőlével. Lilahagymával díszítjük.

Bárányhúsgombóc joghurtos szósszal

Előkészítés + főzési idő: 2 óra 15 perc | Adagok: 2

Hozzávalók

½ font darált bárányhús

¼ csésze friss petrezselyem, apróra vágva

¼ csésze hagyma, darált

¼ csésze pirított mandula dió, finomra vágva

2 gerezd fokhagyma, darálva

Só ízlés szerint

2 tk őrölt koriander

¼ tk őrölt fahéj

1 csésze joghurt

½ csésze kockára vágott uborka

3 evőkanál friss menta, apróra vágva

1 tk citromlé

¼ teáskanál cayenne bors

Pitta kenyér

Útvonalak

Készítsen vízfürdőt, és helyezze bele a Sous Vide-t. Állítsa 134 F-ra. Keverje össze a bárányhúst, a hagymát, a mandulát, a sót, a fokhagymát, a fahéjat és a koriandert. Készítsen 20 golyót, és helyezze el őket egy vákuumzárható zacskóba. Vízkiszorításos módszerrel engedje ki a levegőt, zárja le és merítse vízfürdőbe a zsákot. 120 percig főzzük.

Közben elkészítjük a szószt a joghurt, menta, uborka, cayenne, citromlé és 1 evőkanál só összekeverésével. Ha az időzítő leállt, vegyük ki a golyókat és süssük 3-5 percig. Felöntjük a szósszal, és pita kenyérrel tálaljuk.

Fűszeres lapocka bárány rizs

Előkészítés + főzési idő: 24 óra 10 perc | Adagok: 2

Hozzávalók

1 bárány lapocka, csont nélkül

1 evőkanál olívaolaj

1 evőkanál curry por

2 tk fokhagymás só

1 tk koriander

1 tk őrölt kömény

1 tk szárított piros chili pehely

1 csésze barna rizs, főtt

Útvonalak

Készítsen vízfürdőt, és helyezze bele a Sous Vide-t. 158 F-ra állítva.

Keverjük össze az olívaolajat, a fokhagymát, a sót, a köményt, a koriandert és a chili pehelyt. Pácold be a bárányt. Tegye vákuummal zárható zacskóba. Vízkiszorításos módszerrel engedje ki a levegőt, zárja le és merítse vízfürdőbe a zsákot. 24 órán át főzzük.

Ha kész, vegyük ki a bárányhúst, és vágjuk szeletekre. A rizsre főzőlével tálaljuk.

Chilis bárány steak szezámmaggal

Előkészítés + főzési idő: 3 óra 10 perc | Adagok: 2

Hozzávalók

2 bárány steak

2 evőkanál olívaolaj

Só és fekete bors ízlés szerint

2 evőkanál avokádó olaj

1 tk szezámmag

Csipetnyi pirospaprika pehely

Útvonalak

Készítsen vízfürdőt, és helyezze bele a Sous Vide-t. Állítsa 138 F-ra. Helyezze a bárányt olívaolajjal egy vákuummal zárható zacskóba. Vízkiszorításos módszerrel engedje ki a levegőt, zárja le és merítse vízfürdőbe a zsákot. 3 órán át főzzük.

Ha elkészült, szárítsa meg a bárányt. Sózzuk, borsozzuk. Az avokádóolajat serpenyőben nagy lángon felhevítjük, és a bárányt megpirítjuk. Vágja falatokra. Szezámmaggal és borspehellyel díszítjük.

Édes bárány mustármártással

Előkészítés + főzési idő: 1 óra 10 perc | Adagok: 4

énösszetevőket

1 bárány rack, vágva

3 evőkanál folyós méz

2 evőkanál dijoni mustár

1 tk sherry borecet

Só ízlés szerint

2 evőkanál avokádó olaj

1 evőkanál kakukkfű

Pirított mustármag a díszítéshez

Apróra vágott zöldhagyma

Útvonalak

Készítsen vízfürdőt, és helyezze bele a Sous Vide-t. Állítsa 135 F-ra. Keverje össze az összes hozzávalót, kivéve a bárányt. Helyezze a bárányt egy vákuummal zárható zacskóba. Engedje ki a levegőt vízkiszorításos módszerrel, zárja le és merítse a zsákot a vízfürdőbe. 1 órán át főzzük. Ha az időzítő leállt, vegyük ki a bárányt, és tegyük át egy tányérra.

Egy serpenyőben erős lángon hevítsük fel az olajat, és süssük meg mindkét oldalát 2 percig. Felaprítjuk és felöntjük főzőlével. Díszítsük zöldhagymával és pirított mustármaggal.

Citrommentás bárány

Előkészítés + főzési idő: 2 óra 15 perc | Adagok: 2

Hozzávalók

1 rács bárányhús

Só és fekete bors ízlés szerint

2 szál friss rozmaring

¼ csésze olívaolaj

2 csésze friss lima bab héjában, blansírozva és meghámozva

1 evőkanál citromlé

1 evőkanál friss metélőhagyma, darálva

1 evőkanál friss petrezselyem, darálva

1 evőkanál friss menta

1 gerezd fokhagyma, felaprítva

Útvonalak

Készítsen vízfürdőt, és helyezze bele a Sous Vide-t. Állítsa 125 F-ra. Fűszerezze a bárányhúst sóval és borssal, és tegye egy vákuumzárható zacskóba. Vízkiszorításos módszerrel engedje ki a levegőt, zárja le és merítse vízfürdőbe a zsákot. 2 órán át főzzük.

Ha az időzítő leállt, távolítsa el a bárányhúst, és törölje szárazra. Grillben hevíts fel 1 evőkanál olívaolajat, és süsd meg a fűszerezett bárányt 3 percig. Tegye félre, és hagyja kihűlni.

A salátához keverjük össze a lima babot, citromlevet, petrezselymet, metélőhagymát, mentát, fokhagymát és 3 evőkanál olívaolajat. Sózzuk, borsozzuk. A bárányhúst felszeleteljük, és limabab salátával tálaljuk.

Citromos bárányszelet Chimichurri szósszal

Előkészítés + főzési idő: 2 óra 15 perc | Adagok: 4

Hozzávalók

4 bárány lapocka

2 evőkanál avokádó olaj

Só és fekete bors ízlés szerint

1 csésze szorosan csomagolt friss petrezselyem, apróra vágva

2 evőkanál friss oregánó

1 gerezd fokhagyma, finomra aprítva

1 evőkanál pezsgőecet

1 evőkanál citromlé

1 evőkanál füstölt paprika

¼ tk tört pirospaprika pehely

1/3 csésze sós vaj, puha

Útvonalak

Készítsen vízfürdőt, és helyezze bele a Sous Vide-t. Állítsa 132 F-ra. Fűszerezze a bárányhúst sóval és borssal, és helyezze egy vákuumzárható zacskóba. Engedje ki a levegőt vízkiszorításos módszerrel, zárja le és merítse a zsákot a vízfürdőbe. 2 órán át főzzük.

Egy tálban jól összedolgozzuk a petrezselymet, a fokhagymát, az oregánót, a pezsgőecetet, a paprikát, a citromlevet, a pirospaprika pelyhet, a fekete borsot, a sót és a puha vajat. Hűtőben hagyjuk kihűlni.

Ha az időzítő leállt, távolítsa el a bárányhúst, és törölje szárazra. Sózzuk, borsozzuk. Az avokádóolajat egy serpenyőben nagy lángon hevítjük, és a bárányt minden oldalról néhány percig pirítjuk. Felöntjük vajas öntettel, és tálaljuk.

Bárány csülök zöldségekkel és édes szósszal

Előkészítés + főzési idő: 48 óra 45 perc | Adagok: 4

Hozzávalók

4 bárány csülök

2 evőkanál olaj

2 csésze univerzális liszt

1 vöröshagyma, szeletelve

4 gerezd fokhagyma, összetörve és meghámozva

4 sárgarépa, közepes kockákra vágva

4 szár zeller, közepes kockákra vágva

3 evőkanál paradicsompüré

½ csésze sherry borecet

1 csésze vörösbor

¾ csésze méz

1 csésze marhahúsleves

4 szál friss rozmaring

2 babérlevél

Só és fekete bors ízlés szerint

Útvonalak

Készítsen vízfürdőt, és helyezze bele a Sous Vide-t. 155 F-ra állítva.

Egy serpenyőben nagy lángon hevítsünk olajat. Sóval, borssal és liszttel ízesítjük a csülköt. Süssük aranybarnára. Félretesz, mellőz. Csökkentse a hőt, és főzzük a hagymát, a sárgarépát, a fokhagymát és a zellert 10 percig. Sózzuk, borsozzuk. Keverjük hozzá a paradicsompürét, és főzzük még 1 percig. Adjunk hozzá ecetet, alaplevet, bort, mézet, babérlevelet. 2 percig főzzük.

Tegye a zöldségeket, a szószt és a bárányokat egy vákuummal zárható zacskóba. Engedje ki a levegőt vízkiszorításos módszerrel, zárja le és merítse a zsákot a vízfürdőbe. 48 órán át főzzük.

Ha az időzítő leállt, távolítsa el a szárakat és szárítsa meg. Tartsa le a főzőlevet. Süssük a csülköket 5 percig aranybarnára. Egy serpenyőt magasra melegítünk, és beleöntjük a főzőlevet. Főzzük 10 percig, amíg csökken. A csülköket tányérra tesszük, és a szósszal meglocsoljuk a tálaláshoz.

Pancetta és báránypörkölt

Előkészítés + főzési idő: 24 óra 25 perc | Adagok: 6

Hozzávalók

2 kiló csont nélküli báránylapocka, kockára vágva

4 uncia pancetta csíkokra vágva

1 csésze vörösbor

2 evőkanál paradicsompüré

1 csésze marhahúsleves

4 nagy medvehagyma negyedelve

4 bébi sárgarépa apróra vágva

4 szár zeller, apróra vágva

3 gerezd fokhagyma, összetörve

1 kiló ujjatlan burgonya, hosszában vágva

4 oz szárított portobello gomba

3 szál friss rozmaring

3 szál friss kakukkfű

Só és fekete bors ízlés szerint

Útvonalak

Készítsen vízfürdőt, és helyezze bele a Sous Vide-t. 146 F-ra állítva.

Melegíts fel egy serpenyőt nagy lángon, és süsd barnára a pancettát. Félretesz, mellőz. Sózzuk és borsozzuk a bárányhúst, és ugyanabban a serpenyőben pirítsuk meg; félretesz, mellőz. Felöntjük borral és alaplével, és 5 percig főzzük.

Tegye a borkeveréket, a bárányt, a pancettát, a pirítós gyümölcsleveket, a zöldségeket és a fűszernövényeket egy vákuummal zárható zacskóba. Engedje ki a levegőt vízkiszorításos módszerrel, zárja le és merítse a zsákot a vízfürdőbe. 24 órán át főzzük.

Ha az időzítő leállt, vegyük ki a zacskót, öntsük a főzőlevet egy forró serpenyőbe közepes lángon, és főzzük 15 percig. Keverjük hozzá a bárányhúst, hogy pár percig piruljon, és tálaljuk.

Borsos citromos bárányszelet papaya chutneyval

Előkészítés + főzési idő: 1 óra 15 perc | Adagok: 4

Hozzávalók

8 bárányszelet

2 evőkanál olívaolaj

½ teáskanál Garam Masala

¼ tk citrombors

Egy csipet fokhagyma bors

Só és fekete bors ízlés szerint

½ csésze joghurt

¼ csésze friss koriander, apróra vágva

2 evőkanál papaya chutney

1 evőkanál curry por

1 evőkanál hagyma, apróra vágva

Díszítésnek apróra vágott koriander

Útvonalak

Készítsen vízfürdőt, és helyezze bele a Sous Vide-t. Állítsa 138 F-ra. Kenje meg a szeleteket olívaolajjal, és tegye a tetejére Garam Masala, citrombors, fokhagyma por, só és bors. Tegye vákuummal zárható zacskóba. Engedje ki a levegőt vízkiszorításos módszerrel, zárja le és merítse a zsákot a vízfürdőbe. 1 órán át főzzük.

Közben elkészítjük a szószt a joghurt, a papaya chutney, a koriander, a currypor és a hagyma összekeverésével. Tegyük át egy tányérra. Ha az időzítő leállt, vegye ki a bárányt és szárítsa meg. A maradék olajat serpenyőben közepes lángon felhevítjük, és oldalanként 30 másodpercig sütjük a bárányhúst. Sütőpapírral leszűrjük. A karajokat a joghurtos szósszal tálaljuk. Díszítsük korianderrel.

Fűszeres báránykebab

Előkészítés + főzési idő: 2 óra 20 perc | Adagok: 4

Hozzávalók

1 kilós báránycomb, csont nélkül, kockára vágva

2 evőkanál chili paszta

1 evőkanál olívaolaj

Só ízlés szerint

1 tk kömény

1 tk koriander

½ teáskanál fekete bors

görög joghurt

Friss mentalevél a tálaláshoz

Útvonalak

Készítsen vízfürdőt, és helyezze bele a Sous Vide-t. Állítsa 134 F-ra. Keverje össze az összes hozzávalót, és tegye egy vákuummal zárható zacskóba. Engedje ki a levegőt vízkiszorításos módszerrel, zárja le és merítse a zsákot a vízfürdőbe. 2 órán át főzzük.

Ha az időzítő leállt, vegye ki a bárányt és szárítsa meg. Tegye át a bárányt a grillre, és süsse 5 percig. Tegyük félre, és hagyjuk 5 percig pihenni. Görög joghurttal és mentával tálaljuk.

Herby bárány zöldségekkel

Előkészítés + főzési idő: 48 óra 30 perc | Adagok: 8)

Hozzávalók

2 báránycomb, csontos

1 doboz kockára vágott paradicsom levével

1 csésze borjúhúsleves

1 csésze hagyma, apróra vágva

½ csésze zeller, finomra vágva

½ csésze sárgarépa, finomra vágva

½ csésze vörösbor

2 szál friss rozmaring

Só és fekete bors ízlés szerint

1 tk őrölt coria

1 tk őrölt kömény

1 teáskanál kakukkfű

Útvonalak

Készítsen vízfürdőt, és helyezze bele a Sous Vide-t. 149 F-ra állítva.

Keverje össze az összes hozzávalót, és tegye egy vákuummal zárható zacskóba. Engedje ki a levegőt vízkiszorításos módszerrel, zárja le és merítse a zsákot a vízfürdőbe. 48 órán át főzzük.

Ha az időzítő leállt, távolítsa el a szárakat, tegye át egy tányérra, és hagyja hűlni 48 órán át. A bárányhúst megtisztítjuk, eltávolítva a csontokat és a zsírt, majd apróra vágjuk. Öntse a zsírmentes főzőlevet és a harapott bárányokat egy serpenyőbe. 10 percig nagy lángon főzzük, amíg a szósz besűrűsödik. Szolgál.

Fokhagyma állvány bárány

Előkészítés + főzési idő: 1 óra 30 perc | Adagok: 4

Hozzávalók

2 evőkanál vaj

2 rács bárányhús, francia

1 evőkanál olívaolaj

1 evőkanál szezámolaj

4 gerezd fokhagyma, felaprítva

4 szál friss bazsalikom félbevágva

Só és fekete bors ízlés szerint

Útvonalak

Készítsen vízfürdőt, és helyezze bele a Sous Vide-t. Állítsa 130 F-ra. Fűszerezze a bárányt sóval és borssal. Tegye egy nagy, vákuummal zárható zacskóba. Engedje ki a levegőt vízkiszorításos módszerrel, zárja le és merítse a zsákot a vízfürdőbe. 1 óra 15 percig főzzük.

Ha az időzítő leállt, távolítsa el az állványt, és törölje szárazra konyharuhával. Egy serpenyőben nagy lángon hevítsük fel a szezámolajat, és süssük oldalanként 1 percig a rácsot. Félretesz, mellőz.

Tegyünk 1 evőkanál vajat a serpenyőbe, és adjuk hozzá a fokhagyma felét és a bazsalikom felét. Teteje az állvány fölé. Süssük az állványt 1 percig. Fordítsuk meg, és öntsünk még hozzá vajat. Ismételje meg a folyamatot az összes rack esetében. Vágja fel darabokra, és tálaljon 4 darabot minden tányérba.

Gyógynövényes kérges báránytartó állvány

Előkészítés + főzési idő: 3 óra 30 perc | Adagok: 6

Hozzávalók:

Báránytartó állvány:

3 nagy rács bárányhús

Só és fekete bors ízlés szerint

1 szál rozmaring

2 evőkanál olívaolaj

Gyógynövény kéreg:

2 evőkanál friss rozmaringlevél

½ csésze makadámia dió

2 evőkanál dijoni mustár

½ csésze friss petrezselyem

2 evőkanál friss kakukkfű levél

2 evőkanál citromhéj

2 gerezd fokhagyma

2 tojásfehérje

Útvonal:

Készítsen vízfürdőt, helyezze bele a Sous Vide-t, és állítsa 140 F-ra.

Papírtörlővel szárítsa meg a bárányt, majd dörzsölje be a húst sóval és fekete borssal. Helyezzen egy serpenyőt közepes lángra, és öntse hozzá az olívaolajat. Ha felforrósodott, süsse meg a bárányt mindkét oldalán 2 percig; félretesz, mellőz.

Fokhagymába és rozmaringba tesszük, 2 percig pirítjuk, majd rátesszük a bárányhúst. Hagyja, hogy a bárány felszívja az ízeket 5 percig.

Helyezze a bárányhúst, a fokhagymát és a rozmaringot egy vákuummal zárható zacskóba, engedje ki a levegőt vízkiszorításos módszerrel, és zárja le a zacskót. Merítse a zacskót vízfürdőbe.

Állítsa be az időzítőt 3 órás főzésre. Ha az időzítő leállt, vegye ki a zacskót, nyissa ki és vegye ki a bárányt. A tojásfehérjét felverjük és félretesszük.

A többi felsorolt gyógynövénycs tészta hozzávalóit turmixgéppel turmixoljuk össze, és tegyük félre. Papírtörlővel szárítsa meg a bárányt, és kenje meg tojásfehérjével. Mártsuk bele a gyógynövénykeverékbe, és kenjük be szépen.

Helyezze a bárányrácsokat a kéreggel felfelé egy tepsire. Sütőben 15 percig sütjük. Mindegyik szeletet éles késsel finoman felszeleteljük. Tálaljuk pürésített zöldségekkel.

Népszerű dél-afrikai bárány- és cseresznyekebab

Előkészítés + főzési idő: 8 óra 40 perc | Adagok: 6

Hozzávalók

¾ csésze fehérborecet

½ csésze száraz vörösbor

2 hagyma, apróra vágva

4 gerezd fokhagyma, felaprítva

2 citrom héja

6 evőkanál barna cukor

2 evőkanál kömény, törve

1 evőkanál cseresznye lekvár

1 evőkanál kukoricaliszt

1 evőkanál curry por

1 evőkanál reszelt gyömbér

2 tk sót

1 tk szegfűbors

1 tk őrölt fahéj

4½ font báránylapocka, kockára vágva

1 evőkanál vaj

6 gyöngyhagyma, meghámozva és félbevágva

12 szárított cseresznye, félbevágva

2 evőkanál olívaolaj

Útvonalak

Készítsen vízfürdőt, és helyezze bele a Sous Vide-t. 141 F-ra állítva.

Jól összedolgozzuk az ecetet, a vörösbort, a hagymát, a fokhagymát, a citromhéjat, a barna cukrot, a köménymagot, a cseresznye lekvárt, a kukoricalisztet, a curryport, a gyömbért, a sót, a szegfűborsot és a fahéjat.

Helyezze a bárányt egy nagy, vákuummal zárható zacskóba. Engedje ki a levegőt vízkiszorításos módszerrel, zárja le és merítse a zsákot a vízfürdőbe. 8 órán át főzzük. 20 perccel a vége előtt hevítsük fel a vajat egy serpenyőben, és pároljuk 8 percig a gyöngyhagymát, amíg megpuhul. Tegyük félre, és hagyjuk kihűlni.

Ha az időzítő leállt, távolítsa el a bárányt, és törölje szárazra konyharuhával. A főzőlevet félretesszük, és közepes lángon egy serpenyőbe öntjük, és 10 percig főzzük, amíg felére csökken. Töltsük meg a nyársat a kebab összes hozzávalójával, és tekerjük fel. Melegítsünk fel olívaolajat egy grillben, és süssük meg oldalanként 45 másodpercig a kebabot.

Paprika és bárány curry

Előkészítés + főzési idő: 30 óra 30 perc | Adagok: 4

Hozzávalók

2 evőkanál vaj

2 kaliforniai paprika, apróra vágva

3 gerezd fokhagyma, felaprítva

1 tk kurkuma

1 tk őrölt kömény

1 tk paprika

1 tk reszelt friss gyömbér

½ teáskanál só

2 kardamom hüvely

2 szál friss kakukkfű

2¼ font csont nélküli bárányhús, felkockázva

1 nagy hagyma, apróra vágva

3 paradicsom, apróra vágva

1 tk szegfűbors

2 evőkanál görög joghurt

1 evőkanál apróra vágott friss koriander

Útvonalak

Készítsen vízfürdőt, és helyezze bele a Sous Vide-t. Állítsa 179 F-ra. Keverjen össze 1 evőkanál vajat, kaliforniai paprikát, 2 gerezd fokhagymát, kurkumát, köményt, paprikát, gyömbért, sót, kardamomot és kakukkfüvet. A bárányt vákuummal zárható zacskóba helyezzük a vajas keverékkel. Engedje ki a levegőt vízkiszorításos módszerrel, zárja le és merítse a zsákot a vízfürdőbe. 30 órán át főzzük.

Ha az időzítő leállt, vegye ki a zacskót és tegye félre. A vajat egy serpenyőben nagy lángon felhevítjük. Adjuk hozzá a hagymát és főzzük 4 percig. Adjuk hozzá a maradék fokhagymát, és főzzük még 1 percig. Csökkentse a hőt, és tegyük bele a paradicsomba és a szegfűborsba. 2 percig főzzük. Öntsük hozzá a joghurtot, a bárányhúst és a főzőlevet. 10-15 percig főzzük. Díszítsük korianderrel.

Kecskesajt bárányborda

Előkészítés + főzési idő: 4 óra 10 perc | Adagok: 2

Hozzávalók:

<u>Borda:</u>

2 fél állvány bárányborda

2 evőkanál növényi olaj

1 gerezd fokhagyma, felaprítva

2 evőkanál rozmaringlevél apróra vágva

1 evőkanál édeskömény pollen

Só és fekete bors ízlés szerint

½ teáskanál cayenne bors

<u>Díszítéshez:</u>

8 dkg kecskesajt, morzsolva

2 dkg pörkölt dió, apróra vágva

3 evőkanál petrezselyem, apróra vágva

Útvonal:

Készítsen vízfürdőt, helyezze bele a Sous Vide-t, és állítsa 134 F-ra. Keverje össze a felsorolt bárány összetevőket, kivéve a bárányt. Szárítsa meg a bárányt egy konyharuhával, és dörzsölje be a fűszerkeverékkel. Helyezze a húst vákuummal zárható zacskóba, engedje ki a levegőt vízkiszorításos módszerrel, zárja le és merítse a zacskót a vízfürdőbe. Állítsa be az időzítőt 4 órára.

Ha az időzítő leállt, távolítsa el a bárányt. Melegíts elő egy grillsütőt nagy lángon, és öntsd bele az olajat. A bárányt aranybarnára sütjük. Vágja le a bordákat a csontok között. Kecskesajttal, dióval és petrezselyemmel díszítjük. Forró mártással tálaljuk.

Bárány váll

Előkészítés + főzési idő: 4 óra 10 perc | Adagok: 3

Hozzávalók:

1 kilós báránylapocka, kicsontozva

Só és fekete bors ízlés szerint

2 evőkanál olívaolaj

1 gerezd fokhagyma, összetörve

1 szál kakukkfű

1 szál sosemary

Útvonal:

Készítsen vízfürdőt, és helyezze bele a Sous Vide-t. Állítsa 145 F-ra. Papírtörlővel szárítsa meg a bárány vállakat, majd dörzsölje be borssal és sóval.

Helyezze a bárányhúst és a többi felsorolt hozzávalót egy vákuummal zárható zacskóba. Engedje ki a levegőt vízkiszorításos módszerrel, zárja le és merítse a zsákot a vízfürdőbe. Állítsa be az időzítőt 4 órára.

Ha elkészült, vegye ki a zacskót, és helyezze át a bárány vállakat a tepsibe. A levet egy serpenyőbe szűrjük, és közepes lángon 2 percig főzzük. Melegítsen elő egy grillsütőt 10 percig, és süsse meg a lapockát, amíg aranybarna és ropogós nem lesz. Tálaljuk a báránylapocskát és a szószt vajas zöldekkel.

Jalapeño báránysült

Előkészítés + főzési idő: 3 óra | Adagok: 6

Hozzávalók:

1 ½ evőkanál repceolaj

1 evőkanál fekete mustármag

1 tk köménymag

Só és fekete bors ízlés szerint

4 lb pillangós báránycomb

½ csésze mentalevél, apróra vágva

½ csésze korianderlevél, apróra vágva

1 medvehagyma, darálva

1 gerezd fokhagyma, felaprítva

2 piros jalapeno, darálva

1 evőkanál vörösbor ecet

1 ½ evőkanál olívaolaj

Útvonal:

Tegyünk egy serpenyőt alacsony lángon a tűzhely tetejére. Adjunk hozzá ½ evőkanál olívaolajat; ha felforrósodott, hozzáadjuk a köményt és a mustármagot, és 1 percig főzzük. Kapcsolja ki a hőt, és tegye át a magokat egy tálba. Sóval és fekete borssal megszórjuk. Keverd össze. A fűszerkeverék felét elkenjük a báránycomb belsejében, és feltekerjük. Rögzítse hentes zsineggel 1 hüvelykes távolságonként.

Sóval, borssal ízesítjük és masszírozzuk. A fűszerkeverék felét egyenletesen eloszlatjuk a báránycombon, majd óvatosan feltekerjük. Készítsen vízfürdőt, és helyezze bele a Sous Vide-t. Állítsa 145 F-ra. Helyezze a báránycombot vákuummal zárható zacskóba, engedje ki a levegőt vízkiszorításos módszerrel, zárja le és merítse vízfürdőbe. Állítsa az időzítőt 2 óra 45 percre, és főzzük.

Készítse el a szószt; adjunk hozzá a köményes mustáros keverékhez medvehagymát, koriandert, fokhagymát, vörösborecetet, mentát és vörös chilit. Keverjük össze és ízesítsük sóval, borssal. Félretesz, mellőz. Ha az időzítő leállt, távolítsa el és zárja ki a zacskót. Távolítsa el a bárányt, és papírtörlővel szárítsa meg.

Adjunk hozzá repceolajat egy öntöttvashoz, melegítsük elő magas lángon 10 percig. Tedd bárányhúsba, és süsd barnára mindkét oldalát. Távolítsa el a zsineget és szeletelje fel a bárányhúst. Mártással tálaljuk.

Kakukkfüves és zsályás grillezett bárányszelet

Előkészítés + főzési idő: 3 óra 20 perc | Adagok: 6

Hozzávalók

6 evőkanál vaj

4 evőkanál száraz fehérbor

4 evőkanál csirkehúsleves

4 szál friss kakukkfű

2 gerezd fokhagyma, darálva

1½ teáskanál apróra vágott friss zsálya

1½ teáskanál kömény

6 bárányszelet

Só és fekete bors ízlés szerint

2 evőkanál olívaolaj

Útvonalak

Készítsen vízfürdőt, és helyezze bele a Sous Vide-t. 134 F-ra állítva.

Melegíts fel egy edényt közepes lángon, és keverd össze a vajat, a fehérbort, a húslevest, a kakukkfüvet, a fokhagymát, a köményt és a zsályát. 5 percig főzzük. Hagyjuk kihűlni. A bárányt sóval, borssal ízesítjük. Tegye három vákuummal zárható zacskóba a vajas keverékkel. Vízkiszorításos módszerrel engedje ki a levegőt, zárja le és merítse a zacskókat a vízfürdőbe. 3 órán át főzzük.

Ha kész, vegyük ki a bárányhúst, és töröljük szárazra konyharuhával. A szeleteket megkenjük olívaolajjal. Melegíts fel egy serpenyőt nagy lángon, és süsd meg a bárányt oldalanként 45 másodpercig. 5 percig pihentetjük.

Bárányszelet bazsalikom Chimichurrival

Előkészítés + főzési idő: 3 óra 40 perc | Adagok: 4

Hozzávalók:

<u>Bárányborda:</u>

3 báránytartó, francia

3 gerezd fokhagyma, összetörve

Só és fekete bors ízlés szerint

<u>Bazsalikom Chimichurri:</u>

1 ½ csésze friss bazsalikom, apróra vágva

2 banán medvehagyma, felkockázva

3 gerezd fokhagyma, felaprítva

1 tk pirospaprika pehely

½ csésze olívaolaj

3 evőkanál vörösbor ecet

Só és fekete bors ízlés szerint

Útvonal:

Készítsen vízfürdőt, és helyezze bele a Sous Vide-t. Állítsa 140 F-ra. Szárítsa meg az állványokat egy konyharuhával, majd dörzsölje be borssal és sóval. Helyezze a húst és a fokhagymát egy vákuummal zárható zacskóba, engedje ki a levegőt vízkiszorításos módszerrel, és zárja le a zacskót. Merítse a zacskót vízfürdőbe. Állítsa az időzítőt 2 órára, és főzze.

Készítsd el a bazsalikomos chimichurrit: egy tálban keverd össze az összes felsorolt hozzávalót. Fóliával letakarva 1 óra 30 percre hűtőbe tesszük. Ha az időzítő leállt, vegye ki a zacskót és nyissa ki. Távolítsa el a bárányt, és papírtörlővel szárítsa meg. Fáklyával aranybarnára sütjük. A bazsalikomos chimichurrit ráöntjük a bárányra. Párolt zöldekkel tálaljuk.

Ízletes Harissa Lamb Kabobs

Előkészítés + főzési idő: 2 óra 30 perc | Adagok: 10

Hozzávalók

3 evőkanál olívaolaj

4 tk vörösbor ecet

2 evőkanál chili paszta

2 gerezd fokhagyma, darálva

1½ teáskanál őrölt kömény

1½ teáskanál őrölt koriander

1 tk csípős paprika

Só ízlés szerint

1,5 font csont nélküli báránylapocka, kockára vágva

1 uborka meghámozva és apróra vágva

½ citrom héja és leve

1 csésze görög stílusú joghurt

Útvonalak

Készítsen vízfürdőt, és helyezze bele a Sous Vide-t. Állítsa 134 F-ra. Keverjen össze 2 evőkanál olívaolajat, ecetet, chilit, fokhagymát, köményt, koriandert, paprikát és sót. Helyezze a bárányhúst és a szószt egy vákuummal zárható zacskóba. Vízkiszorításos módszerrel engedje ki a levegőt, zárja le és merítse a zsákot a fürdőbe. 2 órán át főzzük.

Ha az időzítő leállt, távolítsa el a bárányt, és törölje szárazra konyharuhával. Dobja ki a főzőlevet. Egy kis tálban összekeverjük az uborkát, a citrom héját és levét, a joghurtot és a nyomott fokhagymát. Félretesz, mellőz. Töltsük meg a nyársat a bárányhússal, és forgassuk meg.

Egy serpenyőben erős lángon hevítsük fel az olajat, és süssük meg a nyársat oldalanként 1-2 percig. Felöntjük citromos-fokhagymás szósszal és tálaljuk.

Édes mustáros sertéshús ropogós hagymával

Előkészítés + főzési idő: 48 óra 40 perc | Adagok: 6

Hozzávalók

1 evőkanál ketchup

4 evőkanál mézes mustár

2 evőkanál szójaszósz

2¼ font sertés lapocka

1 nagy édes hagyma vékony karikákra vágva

2 csésze tej

1½ csésze univerzális liszt

2 tk granulált hagymapor

1 tk paprika

Só és fekete bors ízlés szerint

4 csésze növényi olaj, sütéshez

Útvonalak

Készítsen vízfürdőt, és helyezze bele a Sous Vide-t. 159 F-ra állítva.

Jól keverje össze a mustárt, a szójaszószt és a ketchupot, hogy pasztát készítsen. A sertéshúst megkenjük a szósszal, és vákuumzárható zacskóba tesszük. Engedje ki a levegőt vízkiszorításos módszerrel, zárja le és merítse a zsákot a vízfürdőbe. 48 órán át főzzük.

A hagyma elkészítéséhez: válasszuk szét a hagymakarikákat egy tálban. Öntsük rájuk a tejet, és hagyjuk 1 órát hűlni. Keverjük össze a lisztet, a hagymás paprikát és egy csipet sót és borsot.

Hevítsük fel az olajat egy serpenyőben 375 F-ra. Csepegtessük le a hagymát, és mélyítsük el a lisztkeverékben. Jól rázzuk fel és tegyük át a serpenyőbe. 2 percig sütjük, vagy amíg ropogós nem lesz. Sütőpapíros tepsire tesszük, és konyharuhával szárazra töröljük. Ismételje meg a folyamatot a maradék hagymával.

Miután az időzítő leállt, távolítsa el a sertéshúst, és tegye át egy vágódeszkára, és húzza a sertéshúst, amíg fel nem aprult. A főzőlevet félretesszük, és közepes lángon forró serpenyőbe öntjük, és 5 percig főzzük, amíg meg nem puhul. A sertéshúst megkenjük a szósszal, és a ropogós hagymával díszítjük a tálaláshoz.

Ízletes bazsalikom és citromos sertésszelet

Előkészítés + főzési idő: 1 óra 15 perc | Adagok: 4

Hozzávalók

4 evőkanál vaj

4 kicsontozott sertésbordaszelet

Só és fekete bors ízlés szerint

1 citrom héja és leve

2 gerezd fokhagyma, összetörve

2 babérlevél

1 szál friss bazsalikom

Útvonalak

Készítsen vízfürdőt, és helyezze bele a Sous Vide-t. Állítsa 141 F-ra a karajokat sóval és borssal ízesítse.

Tegye a karajokat a citrom héjával és levével, fokhagymával, babérlevéllel, bazsalikommal és 2 evőkanál vajjal egy vákuummal zárható zacskóba. Engedje ki a levegőt vízkiszorításos módszerrel, zárja le és merítse a zsákot a vízfürdőbe. 1 órán át főzzük.

Ha az időzítő leállt, távolítsa el a szeleteket, és törölje szárazra konyharuhával. Foglald le a gyógynövényeket. A maradék vajat egy serpenyőben közepes lángon felhevítjük, és oldalanként 1-2 percig pirítjuk.

Baba borda kínai szósszal

Előkészítés + főzési idő: 4 óra 25 perc | Adagok: 4

Hozzávalók

1/3 csésze hoisin szósz

1/3 csésze sötét szójaszósz

1/3 csésze cukor

3 evőkanál méz

3 evőkanál fehér ecet

1 evőkanál erjesztett babpaszta

2 tk szezámolaj

2 gerezd zúzott fokhagyma

1 hüvelykes darab frissen reszelt gyömbér

1 ½ teáskanál ötfűszeres por

Só ízlés szerint

½ teáskanál frissen őrölt fekete bors

3 kilós baba hátsó bordák

Korianderlevél a tálaláshoz

Útvonalak

Készítsen vízfürdőt, és helyezze bele a Sous Vide-t. 168 F-ra állítva.

Egy tálban keverje össze a hoisin szószt, sötét szójaszószt, cukrot, fehér ecetet, mézet, babpasztát, szezámolajat, ötfűszeres port, sót, gyömbért, fehér és fekete borsot. Tartsa le a keverék 1/3-át, és hagyja lehűlni.

Kenje meg a bordákat a keverékkel, és ossza meg 3 vákuummal zárható zacskó között. Vízkiszorításos módszerrel engedje ki a levegőt, zárja le és merítse a zacskókat a vízfürdőbe. 4 órán át főzzük.

Melegítse elő a sütőt 400 F-ra. Miután az időzítő leállt, távolítsa el a bordákat, és kenje meg a maradék keverékkel. Tegyük át egy tepsibe, és tegyük be a sütőbe. 3 percig sütjük. Vegyük ki és hagyjuk 5 percig pihenni. Vágja le a rácsot, és tegye meg korianderrel.

Sertés- és babpörkölt

Előkészítés + főzési idő: 7 óra 20 perc | Adagok: 8)

Hozzávalók

2 evőkanál növényi olaj

1 evőkanál vaj

1 vágott sertéskaraj, kockára vágva

Só és fekete bors ízlés szerint

2 csésze fagyasztott gyöngyhagyma

2 nagy paszternák, apróra vágva

2 gerezd darált fokhagyma

2 evőkanál univerzális liszt

1 csésze száraz fehérbor

2 csésze csirke alaplé

1 doboz fehér bab, lecsepegtetve és leöblítve

4 szál friss rozmaring

2 babérlevél

Útvonalak

Készítsen vízfürdőt, és helyezze bele a Sous Vide-t. 138 F-ra állítva.

Egy tapadásmentes serpenyőt vajjal és olajjal nagy lángon felhevítünk. Adjuk hozzá a sertéshúst. Borssal és sóval ízesítjük. 7

percig főzzük. Beletesszük a hagymát és 5 percig főzzük. A fokhagymát és a bort habosra keverjük. Keverje hozzá a babot, a rozmaringot, az alaplevet és a babérlevelet. Levesszük a tűzről.

Helyezze a sertéshúst egy vákuummal zárható zacskóba. Engedje ki a levegőt vízkiszorításos módszerrel, zárja le és merítse a zsákot a vízfürdőbe. 7 órán át főzzük. Ha az időzítő leállt, vegye ki a zacskót, és tegye át egy tálba. Díszítsük rozmaringgal.

Jerk sertésborda

Előkészítés + főzési idő: 20 óra 10 perc | Adagok: 6

Hozzávalók:

5 font (2) baba háti sertésborda, teli állványok
½ csésze jerk fűszerkeverék

Útvonal:

Készítsen vízfürdőt, helyezze bele a Sous Vide-t, és állítsa 145 F-ra. Vágja félbe a rácsokat, és ízesítse a rántás fűszerezés felével. Helyezze az állványokat külön vákuumzárható állványokba. Vízkiszorításos módszerrel engedje ki a levegőt, zárja le és merítse a zacskókat a vízfürdőbe. Állítsa az időzítőt 20 órára.

Fedje le a vízfürdőt egy zacskóval, hogy csökkentse a párolgást, és adjon hozzá vizet 3 óránként, hogy elkerülje a víz kiszáradását. Ha az időzítő leállt, távolítsa el és zárja ki a zacskót. Helyezze a bordákat egy fóliázott tepsibe, és melegítse elő a brojlert. Dörzsölje be a bordákat a maradék rántás fűszerezéssel, és helyezze a broilerbe. 5 percig pirítjuk. Egyetlen bordákra szeleteljük.

Balzsames sertésszelet

Előkészítés + főzési idő: 1 óra 15 perc | Adagok: 5

Hozzávalók:

2 kiló sertésszelet

3 gerezd fokhagyma, összetörve

½ teáskanál szárított bazsalikom

½ teáskanál szárított kakukkfű

¼ csésze balzsamecet

Só és fekete bors ízlés szerint

3 evőkanál extra szűz olívaolaj

Útvonal:

Készítsen vízfürdőt, helyezze bele a Sous Vide-t, és állítsa 158 F-ra. A sertésszeleteket bőségesen fűszerezze sóval és borssal; félretesz, mellőz.

Egy kis tálban keverje össze az ecetet 1 evőkanál olívaolajjal, kakukkfűvel, bazsalikommal és fokhagymával. Jól elkeverjük, és egyenletesen elosztjuk a húson. Tegye egy nagy, vákuummal zárható zacskóba, és zárja le. Merítse a lezárt zacskót vízfürdőbe, és főzze 1 órán át.

Ha az időzítő leállt, vegye ki a sertésszeletet a zacskóból, és törölje szárazra. A maradék olívaolajat közepes méretű serpenyőben nagy lángon felhevítjük. Süssük a szeleteket oldalanként egy percig, vagy amíg aranybarna nem lesz. Adjuk hozzá a főzőlevet, és pároljuk 3-4 percig, vagy amíg besűrűsödik.

Kicsontozott sertésborda kókuszos-mogyoró szósszal

Előkészítés + főzési idő: 8 óra 30 perc | Adagok: 3

Hozzávalók:

½ csésze kókusztej

2 ½ evőkanál mogyoróvaj

2 evőkanál szójaszósz

1 evőkanál cukor

3 hüvelyk friss citromfű

1 ½ evőkanál paprikaszósz

1 ½ hüvelyk gyömbér, meghámozva

3 gerezd fokhagyma

2 ½ teáskanál szezámolaj

13 oz csont nélküli sertésborda

Útvonal:

Készítsen vízfürdőt, és helyezze bele a Sous Vide-t. Állítsa 135 F-ra. Az összes felsorolt összetevőt turmixgépben turmixolja, kivéve a sertésbordát és a koriandert, amíg sima masszát nem kap.

Tegye a bordákat egy vákuummal zárható zacskóba, és öntse bele a szószt. Engedje ki a levegőt vízkiszorításos módszerrel, és zárja le a zsákot. Helyezze a vízfürdőbe, és állítsa be az időzítőt 8 órára.

Ha az időzítő leállt, vegye ki a zacskót, nyissa ki és távolítsa el a bordákat. Tegyük át egy tányérra, és tartsuk melegen. Tegyünk egy serpenyőt közepes lángra, és öntsük bele a zacskó szószát. Forraljuk 5 percig, csökkentsük a hőt, és főzzük 12 percig.

Adjuk hozzá a bordákat, és vonjuk be a szósszal. 6 percig pároljuk. Párolt zöldekkel tálaljuk.

Lime és fokhagymás sertés hátszín

Előkészítés + főzési idő: 2 óra 15 perc | Adagok: 2

Hozzávalók:

2 evőkanál fokhagyma por

2 evőkanál őrölt kömény

2 evőkanál szárított kakukkfű

2 evőkanál szárított rozmaring

1 csipet lime tengeri só

2 (3 font) sertés szűzpecsenye, ezüst bőrrel eltávolítva

2 evőkanál olívaolaj

3 evőkanál sótlan vaj

Útvonal:

Készítsen vízfürdőt, helyezze bele a Sous Vide-t, és állítsa 140 F-ra. Adja hozzá a köményt, a fokhagymaport, a kakukkfüvet, a lime sót, a rozmaringot és a lime sót egy tálba, és keverje egyenletesen el. A sertéshúst megkenjük olívaolajjal, és bedörzsöljük sóval és köményes fűszerkeverékkel.

Tegye a sertéshúst két különálló, vákuummal zárható zacskóba. Engedje ki a levegőt vízkiszorításos módszerrel, és zárja le a zsákokat. Merítse vízfürdőbe, és állítsa az időzítőt 2 órára.

Ha az időzítő leállt, távolítsa el és zárja ki a zacskót. Távolítsa el a sertéshúst, és papírtörlővel szárítsa meg. Dobja ki a zacskóban lévő gyümölcslevet. Egy öntöttvas serpenyőt nagy lángon előmelegítünk, és hozzáadjuk a vajat. Sertéshúsba tesszük és aranybarnára sütjük. A sertéshúst vágódeszkán pihentetjük. Vágja őket 2 hüvelykes medalionokra.

BBQ sertésborda

Előkészítés + főzési idő: 1 óra 10 perc | Adagok: 4

Hozzávalók:

1 lb sertésborda

1 tk fokhagyma por

Só és fekete bors ízlés szerint

1 csésze BBQ szósz

Útvonal:

Készítsen vízfürdőt, helyezze bele a Sous Vide-t, és állítsa 140 F-ra. Sóval és borssal dörzsölje a sertésbordákat, helyezze egy vákuummal zárható zacskóba, engedje ki a levegőt és zárja le. Tegye vízbe, és állítsa az időzítőt 1 órára.

Ha az időzítő leállt, távolítsa el és zárja ki a zacskót. Távolítsa el a bordákat, és kenje be BBQ szósszal. Félretesz, mellőz. Melegítsen elő egy grillt. Ha felforrósodott, 5 percig pirítsuk körös-körül a bordákat. Tetszés szerinti mártogatóssal tálaljuk.

Juhar hátszín pirított almával

Előkészítés + főzési idő: 2 óra 20 perc | Adagok: 4

Hozzávalók

1 kiló sertés szűzpecsenye

1 evőkanál friss rozmaring, apróra vágva

1 evőkanál juharszirup

1 tk fekete bors

Só ízlés szerint

1 evőkanál olívaolaj

1 alma, felkockázva

1 vékonyra szeletelt kis medvehagyma

¼ csésze zöldségleves

½ teáskanál almabor

Útvonalak

Készítsen vízfürdőt, és helyezze bele a Sous Vide-t. Állítsa 135 F-ra. Távolítsa el a bőrt a bélszínről, és vágja félbe. Keverjük össze a rozmaringot, a juharszirupot, az őrölt borsot és az 1 evőkanál sót. Rászórjuk a bélszínre. Tegye vákuummal zárható zacskóba. Engedje ki a levegőt vízkiszorításos módszerrel, zárja le és merítse a zsákot a vízfürdőbe. 2 órán át főzzük.

Ha az időzítő leállt, vegye ki a zacskót és szárítsa meg. Tartsa le a főzőlevet. Egy serpenyőben közepes lángon olívaolajat hevítünk, és 5 percig pirítjuk a bélszínt. Félretesz, mellőz.

Csökkentse a hőt, és tegye bele almát, rozmaringot és medvehagymát. Sózzuk, és 2-3 perc alatt aranybarnára pirítjuk. Adjuk hozzá az ecetet, a húslevest és a főzőlevet. Pároljuk még 3-5 percig. A bélszínt medalionokra vágjuk, és az almás keverékkel tálaljuk.

Füstölt Paprika Sertéshas

Előkészítés + főzési idő: 24 óra 15 perc | Adagok: 8

Hozzávalók:

1 kiló sertéshas

½ evőkanál füstölt paprika

½ teáskanál fokhagyma por

1 tk koriander

½ teáskanál chili pehely

Só és fekete bors ízlés szerint

Útvonal:

Készítsen vízfürdőt, és helyezze bele a Sous Vide-t. Állítsa 175 F-ra. Keverje össze az összes fűszert egy kis tálban, és dörzsölje a keveréket a sertés hasába. Helyezze a keveréket egy vákuummal zárható zacskóba. Vízkiszorításos módszerrel engedje ki a levegőt, zárja le és merítse vízfürdőbe a zsákot. Állítsa be az időzítőt 24 órára.

Ha kész, vedd ki a zacskót, és öntsd át a főzőfolyadékot egy serpenyőbe, és helyezd a sertés hasát egy tányérra. Pároljuk a főzőfolyadékot, amíg felére csökken. Meglocsoljuk a sertéshússal és tálaljuk.

Sertés Tacos Carnitas

Előkészítés + főzési idő: 3 óra 10 perc | Adagok: 4

Hozzávalók:

2 kiló sertés lapocka

3 gerezd fokhagyma, felaprítva

2 babérlevél

1 hagyma, apróra vágva

Só és fekete bors ízlés szerint

Kukorica tortillák

Útvonal:

Készítsen vízfürdőt, és helyezze bele a Sous Vide-t. 185 F-ra állítva.

Eközben keverje össze az összes fűszert, és dörzsölje a keveréket a sertéshúsra. Tedd egy vákuumzárható zacskóba a babérlevéllel, hagymával és fokhagymával. Vízkiszorításos módszerrel engedje ki a levegőt, zárja le és merítse vízfürdőbe a zsákot. Állítsa be az időzítőt 3 órára.

Ha kész, tegyük át egy vágódeszkára, és 2 villával aprítsuk fel. Osszuk el a kukorica tortillák között, és tálaljuk.

Ízletes sertéshús mustáros és melaszos mázzal

Előkészítés + főzési idő: 4 óra 15 perc | Adagok: 6

Hozzávalók

2 kiló sertéskaraj sült

1 babérlevél

3 oz melasz

½ oz szójaszósz

½ dl méz

2 citrom leve

2 csík citromhéj

4 apróra vágott mogyoróhagyma

½ teáskanál fokhagyma por

¼ tk dijoni mustár

¼ tk őrölt szegfűbors

1 oz zúzott kukorica chips

Útvonalak

Készítsen vízfürdőt, és helyezze bele a Sous Vide-t. 142 F-ra állítva.

A sertéskarajt és a babérlevelet vákuummal zárható zacskóba tesszük. Adjunk hozzá melaszt, szójaszószt, citromhéjat, mézet, mogyoróhagymát, fokhagymaport, mustárt és szegfűborsot, és jól rázzuk fel. Engedje ki a levegőt vízkiszorításos módszerrel, zárja le és merítse a zsákot a vízfürdőbe. 4 órán át főzzük.

Ha az időzítő leállt, vegye ki a zacskót. A maradék keveréket egy serpenyőbe öntjük, és addig főzzük, amíg le nem csökken. A sertéshúst a szósszal tálaljuk, a tetejére zúzott kukoricachipset teszünk. Díszítsük zöldhagymával.

Sült sertésnyak

Előkészítés + főzési idő: 1 óra 20 perc | Adagok: 8

Hozzávalók:

2 font sertésnyak, kicsontozva és 2 felé szeletelve

4 evőkanál olívaolaj

2 tk szójaszósz

2 evőkanál barbecue szósz

½ evőkanál cukor

4 ág rozmaring, levelei eltávolítva

4 ág kakukkfű, levelei eltávolítva

2 gerezd fokhagyma, felaprítva

Só és fehér bors ízlés szerint

¼ tk pirospaprika pehely

Útvonal:

Készítsen vízfürdőt, helyezze bele a Sous Vide-t, és állítsa 140 F-ra. Dörzsölje be sóval és borssal a sertéshúst. Tegye a húst 2 külön vákuumzárható zacskóba, engedje ki a levegőt és zárja le őket. Tegye vízfürdőbe, és állítsa be az időzítőt 1 órára.

Ha az időzítő leállt, távolítsa el és zárja ki a zacskókat. Keverje össze a többi felsorolt összetevőt. Melegítse elő a sütőt 425 F-ra. Tegye a sertéshúst egy serpenyőbe, és alaposan dörzsölje be a szójaszósz keveréket a sertéshúsba. 15 percig sütjük a sütőben. Hagyja kihűlni a sertéshúst, mielőtt felszeletelné. Párolt zöldekkel tálaljuk.

Sertésborda

Előkészítés + főzési idő: 12 óra 10 perc | Adagok: 4

Hozzávalók:

1 rács sertésborda

2 evőkanál barna cukor

½ csésze barbecue szósz

1 evőkanál fokhagyma por

2 evőkanál paprika

Só és fekete bors ízlés szerint

1 evőkanál hagymapor

Útvonal:

Készítsen vízfürdőt, és helyezze bele a Sous Vide-t. Állítsa 165 F-ra. Helyezze a sertéshúst a fűszerekkel együtt egy vákuummal zárható zacskóba. Vízkiszorításos módszerrel engedje ki a levegőt, zárja le és merítse vízfürdőbe a zsákot. Állítsa be az időzítőt 12 órára.

Ha az időzítő leállt, távolítsa el a bordákat a zacskóból és a bokrot a barbecue szósszal. Csomagoljuk alufóliába, és tegyük broiler alá néhány percre. Azonnal tálaljuk.

Kakukkfű sertésszelet

Előkészítés + főzési idő: 70 perc | Adagok: 4

Hozzávalók:

4 sertésszelet

2 tk friss kakukkfű

1 evőkanál olívaolaj

Só és fekete bors ízlés szerint

Útvonal:

Készítsen vízfürdőt, és helyezze bele a Sous Vide-t. Állítsa 145 F-ra. Keverje össze a sertéshúst a többi hozzávalóval egy vákuummal zárható zacskóban. Vízkiszorításos módszerrel engedje ki a levegőt, zárja le és merítse vízfürdőbe a zsákot. Állítsa be az időzítőt 60 percre. Ha elkészült, vegye ki a zacskót, és egy serpenyőben pár másodpercig pirítsa mindkét oldalát a tálaláshoz.

Sertésszelet

Előkészítés + főzési idő: 75 perc | Adagok: 6

Hozzávalók:

2 kiló darált sertéshús

½ csésze zsemlemorzsa

1 tojás

1 tk paprika

Só és fekete bors ízlés szerint

1 evőkanál liszt

2 evőkanál vaj

Útvonal:

Készítsen vízfürdőt, és helyezze bele a Sous Vide-t. Állítsa 140 F-ra. Keverje össze a sertéshúst, a tojást, a paprikát, a lisztet és a sót. Formázz szeleteket, és tedd mindegyiket egy kis vákuummal zárható zacskóba. Vízkiszorításos módszerrel engedje ki a levegőt, zárja le és merítse vízfürdőbe a zsákot. Állítsa be az időzítőt 60 percre.

Ha az időzítő leállt, vegye ki a zacskót. Olvasszuk fel a vajat egy serpenyőben közepes lángon. A szeleteket bekenjük a morzsával, és minden oldalukon aranybarnára sütjük. Tálaljuk és élvezzük.

Zsálya és almaborszelet

Előkészítés + főzési idő: 70 perc | Adagok: 2

énösszetevőket

2 sertésszelet

1 szál apróra vágott rozmaring

Só és fekete bors ízlés szerint

1 gerezd apróra vágott fokhagyma

1 csésze kemény almabor, osztva

1 teáskanál zsálya

1 evőkanál növényi olaj

1 evőkanál cukor

Útvonalak

Készítsen vízfürdőt, és helyezze bele a Sous Vide-t. 138 F-ra állítva.

Egy tálban keverjük össze a sót, a borsot, a zsályát, a rozmaringot és a fokhagymát. Ezzel a keverékkel bedörzsöljük a karajokat, és vákuummal zárható zacskóba helyezzük. Adjunk hozzá 1/4 csésze kemény almabort. Engedje ki a levegőt vízkiszorításos módszerrel, zárja le és merítse a zsákot a vízfürdőbe. 45 percig főzzük.

Ha elkészült, vegye ki a zacskót. Egy serpenyőben közepes lángon hevíts olajat, és süsd meg a zöldségeket. Hozzáadjuk a karajokat, és aranybarnára pirítjuk. Hagyja pihenni 5 percig. Öntse a főzőlevet a serpenyőbe 1 csésze almaborral és cukorral együtt. Addig keverjük, amíg el nem olvad. Tálaláskor a karaj tetejét megkenjük a szósszal.

Rozmaring sertés hátszín

Előkészítés + főzési idő: 2 óra 15 perc | Adagok: 4

Hozzávalók:

1 kiló sertés szűzpecsenye

2 gerezd fokhagyma

2 szál rozmaring

1 evőkanál szárított rozmaring

Só és fekete bors ízlés szerint

1 evőkanál olívaolaj

Útvonal:

Készítsen vízfürdőt, és helyezze bele a Sous Vide-t. Állítsuk 140 F-ra. Fűszerezzük a húst sóval, rozmaringgal és borssal, és tegyük egy vákuummal zárható zacskóba, benne a fokhagymás és rozmaringos forrással. Vízkiszorításos módszerrel engedje ki a levegőt, zárja le és merítse vízfürdőbe a zsákot. Állítsa be az időzítőt 2 órára.

Ha az időzítő leállt, vegye ki a zacskót. Egy serpenyőben közepes lángon olajat hevítünk. Süssük a húst minden oldalról körülbelül 2 percig.

Paprika Pancetta gyöngyhagymával

Előkészítés + főzési idő: 1 óra 50 perc | Adagok: 4

Hozzávalók

1 kiló gyöngyhagyma, meghámozva

4 pancetta szelet, összemorzsolva és megfőzve

1 evőkanál kakukkfű

1 tk paprika

Útvonalak

Készítsen vízfürdőt, és helyezze bele a Sous Vide-t. Állítsa 186 F-ra. Tegye a pancettát, a gyöngyhagymát, a kakukkfüvet és a paprikát egy vákuummal zárható zacskóba. Engedje ki a levegőt vízkiszorításos módszerrel, zárja le és merítse a zsákot a fürdőbe. 90 percig főzzük. Ha elkészült, vegye ki a zacskót, és öntse ki a főzőlevet.

Paradicsomos sertésszelet burgonyapürével

Előkészítés + főzési idő: 5 óra 40 perc | Adagok: 4

Hozzávalók

1 kiló bőr nélküli sertésszelet

Só és fekete bors ízlés szerint

1 csésze marhahúsleves

½ csésze paradicsomszósz

1 szárzeller, 1 hüvelykes kockákra vágva

1 negyedelt medvehagyma

3 szál friss kakukkfű

1 dkg piros burgonyapüré

Útvonalak

Készítsen vízfürdőt, és helyezze bele a Sous Vide-t. 182 F-ra állítva.

A karajokat megszórjuk sóval, borssal, majd vákuummal zárható zacskóba tesszük. Hozzáadjuk az alaplében, paradicsomszószt, medvehagymát, whiskyt, zellert és kakukkfüvet. Engedje ki a levegőt vízkiszorításos módszerrel, zárja le és merítse a zsákot a vízfürdőbe. 5 órán át főzzük.

Ha az időzítő leállt, távolítsa el a szeleteket, és tegye át egy tányérra. Tartsa le a főzőfolyadékot. Melegítsünk fel egy serpenyőt nagy lángon, és öntsük rá a lecsepegtetett levet; hagyjuk forrni. Csökkentse a hőt és keverje 20 percig. Ezután hozzáadjuk a szeleteket, és további 2-3 percig főzzük. Burgonyapürével tálaljuk.

Pirítós tojással és ropogós panctával

Előkészítés + főzési idő: 70 perc | Adagok: 2

Hozzávalók

4 nagy tojássárgája

2 szelet pancetta

4 szelet pirított kenyér

Di rections

Készítsen vízfürdőt, és helyezze bele a Sous Vide-t. Állítsa 143 F-ra. Helyezze a tojássárgákat egy vákuummal zárható zacskóba. Vízkiszorításos módszerrel engedje ki a levegőt, zárja le és merítse vízfürdőbe a zsákot. 60 percig főzzük.

Közben a pancettát szeletekre vágjuk, és ropogósra sütjük. Tedd át egy tepsibe. Ha az időzítő leállt, távolítsa el a sárgáját, és tegye át a pirított kenyérre. A tetejére pancettát teszünk, és tálaljuk.

Fűszeres hátszín édes papaya szósszal

Előkészítés + főzési idő: 2 óra 45 perc | Adagok: 4

énösszetevőket

¼ csésze könnyű húsleves cukor

1 evőkanál őrölt szegfűbors

½ teáskanál cayenne bors

¼ tk őrölt fahéj

¼ tk őrölt szegfűszeg

Só és fekete bors ízlés szerint

2 kiló sertés szűzpecsenye

2 evőkanál repceolaj

2 kimagozott és hámozott papaya, apróra vágva

¼ csésze friss koriander, apróra vágva

1 piros kaliforniai paprika kimagozva, szárral és apróra vágva

3 evőkanál vöröshagyma, apróra vágva

2 evőkanál lime lé

1 kis jalapeno paprika kimagozva és felkockázva

Útvonalak

Készítsen vízfürdőt, és helyezze bele a Sous Vide-t. Állítsa 135 F-ra. Keverje össze a cukrot, a szegfűborsot, a fahéjat, a cayenne-t, a szegfűszeget, a köményt, a sót és a borsot. Rászórjuk a bélszínre.

Egy serpenyőben közepes lángon olajat hevítünk, és 5 percig pirítjuk a bélszínt. Tegyük át egy tányérra, és hagyjuk 10 percig pihenni. Tegye vákuummal zárható zacskóba. Vízkiszorításos módszerrel engedje ki a levegőt, zárja le és merítse vízfürdőbe a zsákot. 2 órán át főzzük.

Ha az időzítő leállt, távolítsa el a bélszínt, és hagyja pihenni 10 percig. Szeleteld fel őket. A szószhoz keverjük össze a papayát, a koriandert, a kaliforniai paprikát, a hagymát, a lime levét és a jalapenót. Tálaljuk a bélszínt, és öntsük fel a szósszal. Sózzuk, borsozzuk és tálaljuk.

Ízletes burgonya és szalonna mogyoróhagymával

Előkészítés + főzési idő: 1 óra 50 perc | Adagok: 6

Hozzávalók

1 ½ font rozsdaburgonya, szeletelve

½ csésze csirke alaplé

Só és fekete bors ízlés szerint

4 dl bacon vastag csíkokra vágva

½ csésze apróra vágott hagyma

1/3 csésze almaecet

4 vékonyra szeletelt mogyoróhagyma

Útvonalak

Készítsen vízfürdőt, és helyezze bele a Sous Vide-t. Állítsa 186 F-ra. Helyezze a burgonyát egy vákuummal zárható zacskóba. Sózzuk, borsozzuk. Vízkiszorításos módszerrel engedje ki a levegőt, zárja le és merítse vízfürdőbe a zsákot. 1 óra 30 percig főzzük. Ha kész, szedjük ki a burgonyát egy tányérra.

Melegíts fel egy serpenyőt közepes lángon, és süsd meg a szalonnát 5 percig. Tedd át egy tepsibe. Ugyanabban a serpenyőben főzzük a hagymát 1 percig. Adjuk hozzá a burgonyát, a főtt szalonnát és az ecetet. Főzzük lassú tűzön. Tedd bele a mogyoróhagymát, és ízesítsd sóval, borssal.

Ropogós sertésszelet

Előkészítés + főzési idő: 1 óra 15 perc | Adagok: 3

Hozzávalók

3 karaj sertéskaraj

Só és fekete bors ízlés szerint

1 csésze liszt

1 tk zsálya

2 egész tojás

Panko morzsa a karaj bevonásához

Útvonalak

Készítsen vízfürdőt, és helyezze bele a Sous Vide-t. Állítsuk 138 F-ra. A karajt zsiradék nélkül szeletekre vágjuk. Zsályával, sóval, borssal ízesítjük. Tegye vákuummal zárható zacskóba. Vízkiszorításos módszerrel engedje ki a levegőt, zárja le és merítse vízfürdőbe a zsákot. 1 órán át főzzük.

Ha az időzítő leállt, távolítsa el a szeleteket és szárítsa meg. A karajt mártsuk lisztbe, majd tojásba és utoljára panko morzsába. Ismételje meg a folyamatot minden szeletnél. Hevítsük fel az olajat egy serpenyőben 450 F-ra, és süssük meg a karajokat 1 percig. Hagyjuk kihűlni és szeleteljük. Rizzsel és zöldségekkel tálaljuk.